그들이 시장을 뒤흔든
단 한 가지 이유

KB077358

2014 아마존 비즈니스 분야 베스트셀러 1위

그들이 시장을 뒤흔든 단 한 가지 이유

우버, 에어비앤비, 워비파커, 무닷컴…

버나뎃 지와 지음 | 장유인 옮김

시력보조
기구인 안경을 패션 아이템으로
탈바꿈시킨 **워비파커** '여행숙소 호텔'의
관념을 **에어비앤비**
산산이 파괴한
고객 중심의 참 쉬운 개인뱅킹서비스를 만든
심플닷컴
혁신을 **우버**
전 세계 명품 이세업계를 일으킨
발칵 뒤집은 **무닷컴** 학술지에
오스트랄라시아메디컬
저널과 쓰고 버리는 문화를
고쳐 쓰는 문화로 바꾸
기 위해 탄생한 **수그부**
남성들의
면도 습관에 주목한스
달러쉐이브클럽
환경과 건강에 관심 많은 사람들을 위해 먹거리를
지속가능형
직접
재배하는 **심리닷코**
서비스를 시작한 **리틀베지패치**
물 부족 문제 해결을 위해 탄생한 **채리티워터**
글루텐프리 시장을 넘보는 **바이더웨이베이커리** 까지

지식
공간

"이 책은 우리를 위한 천재의 선물이다. '디퍼런스 맵(difference map)'은 의미 있는 일을 하고자 진지하게 고민하는 모든 이들에게 없어서는 안 될 필수품이 되었다. 버나뎃 지와는 우리가 어디로 가야 하는지 그 앞길을 비춰줄 샛별이다."　　　　　　　- 세스 고딘(Seth Godin)

"영감을 주는 책! 진짜 강력한 툴! 우리는 버나뎃 지와라는 보물을 발견했다. 버나뎃은 자신이 무엇을 말하고 있는지 잘 알고 있을 뿐 아니라 이 주제가 왜 중요한지도 잘 드러냈다. 오늘날 모든 비즈니스가 세상과의 진짜 관계망을 만들고자 할 때 부딪치는 문제들을 이보다 더 잘 설명할 수 있을까?"
　　　- 조나단 레이먼드(Jonathan Raymond), EMyth 최고브랜드 책임자(Chief Brand Officer)

"비즈니스를 돋보이게 만들 "확실한 무언가"가 궁금한가? 작고 세련된 이 책이 그 비밀을 시원하게 밝힌다."　　　　　　　- 마크 셰퍼(Mark Schaefer), 『슈퍼커넥터』의 저자

"버나뎃 지와는 마케팅계의 뱅크시*다!"
　　　- 메린 패젯(Merryn Padgett), 그래픽 디자인 회사 EARTH & SEA CREATIVE 창립자

---

* 뱅크시(Banksy) : 그래피티 아티스트. 영화감독. 화염병 대신 꽃을 던지는 벽화 '꽃을 투척하는 사람(Flower Chucker)'으로 유명하다.

3장 | 그럼 이제 어떻게 할까?

4장 | 디퍼런스 모델 & 맵

디퍼런스 씽킹,
무엇이 차이를 만드는가

1970년대, 팔로알토리서치센터(PARC, Palo Alto Research Center)에 세계 최고의 컴퓨터 기술자들이 소수 정예의 팀을 꾸려 연구에 매진하고 있었다. 이 팀은 실리콘 밸리에 위치한 제록스의 연구/혁신 분과로, 이곳에 몸담은 기술자들은 미래의 사무실을 구현해야 하는 임무를 띠고 있었다. 실리콘 밸리 사람들은 제록스가 첨단 사무실 분야에서 가장 앞선 위치에 있다는 사실을 부정하지 않았다. 당시 제록스 기술자들은 컴퓨터와 함께 사용하도록 개발된 '포인팅 도구', 즉 마우스의 기능 개선 연구를 진행하고 있었다. 물론 이들이 마우스를 처음 만든 것은 아니었다. 1963년 더글러스 엥겔바트(Douglas Engelbart)가 최초로 마우스를 발명했는데, 제록스가 손을 대기 전까지 마우스는 개발 당시의 프로토타입에서 벗어나지 못하고 있었다.

1979년 팔로알토리서치센터 팀은 방문객 가운데 일부 사람들을 선별하여 연구 성과 시연회에 참석해 달라는 초청장을 보냈다. 시연회 당일, 과학자 래리 테슬러(Larry Tesler)는 마우스를 통해 컴퓨터 화면의 아이콘을 어떻게 조종하는지 선보이며 이목을 집중시켰다. 마침 그날 초대받은 사람 중에 스티브 잡스(Steve Jobs)가 있었다. 잡스는 마우스가 작동하는 장면을 보자마자 곧 미친 사람처럼 장내를 서성거렸다. 그리고 더 이상 감정을 주체할 수 없다는 듯이 '당신들은 지금 금맥 위에 서 있다!', '미치도록 놀라운 일이다!' 하고 탄성을 질렀다. 훗날 스티브 잡스는 왜 제록스가 이 발명품으로 아무것도 하지 않았는지 도저히 납득할 수 없었다고 술회했다.

팔로알토리서치센터 팀은 마우스가 고가의 사무용 컴퓨터에 딸린 300달러짜리 주변기기가 될 것으로 판단했고, 그런 비전에 맞추어 제품을 개발하고 있었다. 반면 스티브 잡스는 다른 생각을 품고 있었다. 제록스를 방문한 지 하루 이틀쯤 지난 뒤 잡스는 디자인 컨설턴트 딘 허비(Dean Hovey)를 만났다. 잡스는 허비에게 나와 함께 일하는 순간만큼은 과거의 작업 방식을 깨끗이 잊어달라고 신신당부했다. 잡스는 자신들이 무엇을 해야 할지 명확히 알고 있었다.

잡스가 허비에게 요구한 마우스 디자인 설계 지침은 단순명료했다. 지침에는 단 네 가지의 기준만 있었다.

1. 마우스의 제작 단가는 15달러 이하가 되어야 한다.

2. 마우스는 최소 2년은 쓸 수 있어야 한다.

3. 마우스는 포마이카(formica, 열에 강한 플라스틱 - 역주)나 금속으로 만든 일반 데스크톱 컴퓨터에서 작동해야 한다.

4. 마지막으로 마우스는 리바이스 청바지처럼 잡스의 취향이나 감각에 맞아야 한다.

잡스는 개발 단계에서부터 마우스가 적정가의 소비재로 설계되어야 한다는 비전을 뚜렷이 갖고 있었다. 그는 기존의 상품 개발 모델을 완전히 뒤집어버렸다. 잡스는 제품의 특징과 기능을 따로 구분하여 접근하는 전통적인 방식 대신 이 제품이 잠재고객에게 어떤 의미를 가지게 될지 탐색하는 데 힘을 쏟았다. 그는 기술 혁신 자체에는 그다지 관심이 없었다. 대신 기술 혁신이 사람들에게 무엇을 할 수 있게 만드는지 더 관심이 많았다. 이제 사용자들은 긴 명령어를 힘들게 외워서 키보드로 일일이 입력할 필요가 없었다. 단지 아이콘을 클릭하거나 드래그하면 끝이었다. 예컨대 다음과 같은 명령어를 입력하는 방법과, 마우스를 이용하여 아이콘을 옮기는 방법의 차이를 생각해 보라.

move c:\clients\apple\sjobs.txt a:\billing\invoices\sjobs.txt

1984년 1월 그래픽 사용자 인터페이스(GUI, graphical user interface)와 마우스를 제공하는 애플 매킨토시가 출시되었다. 매킨토시는 세계 최초로 대중 시장을 형성한 개인용 컴퓨터였다. 그리고 역사가 증명하듯 이 제품의 출시는 세상을 바꾸었다.

말콤 글래드웰은 잡스를 '트위커(tweaker)', 즉 '기존 제품을 가장 적절하게 개량하여 적용할 줄 아는 사람'이라고 평가한다. 또 어떤 이들은 그가 혁신 본능을 가진 편집자이지 발명가는 아니라고 말한다. 하지만 그를 편집자라고 부르든 발명가라고 부르든 그건 중요치 않다. 잡스의 진짜 천재성은 따로 있었다. 그는 '우리 마음을 즐겁게 만드는' 아이패드 같은 도구를 만들면 이를 어떤 사람들이 살 것인지 파악하는 법을 알고 있었고, 또한 이들 고객에 대한 이해와 공감을 바탕으로 그들과 소통을 했다. 허비가 말한 것처럼, 잡스는 '점들을 연결'했고 [잡스는 '창의력이란 사물을 연결하는 것(Creativity is just connecting things.)'이라고 말했다. - 역주] '사람이 좀 더 편안하게 작업하려면' 컴퓨터가 어떠해야 하는지 알아내는 데 놀라운 재능을 갖고 있었다.' 잡스는 내가 디퍼런스 씽커(difference thinker)라고 부르는 대표적인 사람이다.

그럼에도 불구하고 디퍼런스 씽킹이란, 점을 연결하는 능력(잡스가 말한 '창의력' - 역주) 이상의 것이다. 그것은 진실을 포착하는 일, 그 진실 안에 숨어 있는 기회의 존재를 깨닫는 일, 그런 다음에 기회에 따라 행동하는 일이다. 비즈니스를 시작하기에 앞서, 우리는 점을 찾는 법부터 배워야 한다. 또한 점들을 연결하는 것이 왜 중요한지 알아야 한다. 그리고 무엇보다 사람들의 감정과 불만에 공감을 갖고 그들을 이해해야 한다. 그럴 때 비로소 디퍼런스 씽킹을 구현할 수 있게 된다. 스티브 잡스는 이를 직감에 따라 실행했다. 그는 잠재고객의 발걸음이 어디로 향할지 예견하고 있었다. 또한 그는 혁신과 디자인이 개인의 삶과 시장에 어떤 변화를 가져올지 내다보고 있었다. 물론 내가 이 책을 쓰는 이유는 당신도 방법만 알면 얼마든지 디퍼런스 씽커가 될 수 있다고 생각하기 때문이다.

■ 남과 다르게 만든다는 것 VS 디퍼런스를 창조한다는 것 ■

오래전부터 비즈니스 세계에서는 혁신을 '점진적으로 나아지는 것'으로 여겼다. 혁신을 하는 사람들은 자사 제품이 경쟁 상품과 어떻게 다른지 차별 요소를 만들거나 경쟁자를 추월하기 위해 끊임없이 노력한다. 세상을 깜짝 놀라게 할 변혁을 이룩하기 위해서든 미세한 영역의 개선을 이루기 위해서든 그 목적은 상관없다. 그들은 이미 시장에 출시되어 있는 기성 제품에서 출발한다. 먼저 기존 제품을 뜯어보며 몇몇 세세한 부분을 바꾸거나 도드라지는 특징 하나를 덧붙여 '남과 다른' 제품과 서비스를 만든다. 그 다음 이 신제품의 구매력을 확보하기 위해 기존 상품과의 차별점을 사람들에게 어떻게 알릴 것인지 탐색한다.

이들이 제품을 시장까지 내보내는 과정은 다음과 같다.

아이디어(idea) ▶ 개발(develop) ▶ 출시(launch) ▶ 시장(market)

반면 디퍼런스 씽커의 접근법은 다르다. 그들의 출발점은 기존 제품을 어떻게 개선할 것인가 하는 고민이나 아이디어가 아니다. 그들은 사람들에게 공감하는 데서 일에 착수한다. 공감은, 사람들에게 필요한 것이 무엇인지, 제품을 어떻게 만들어야 하는지 이해하는 능력을 갖추게 한다. 이런 방식으로 디퍼런스를 창출하여 상품이나 서비스를 탄생시키는 것, 그것이 바로 마케팅이다.

디퍼런스 씽킹을 통해 발전된 아이디어는 다음과 같은 과정을 밟아서 세상에 나온다.

진실(truth) ▶ 사람(people) ▶ 아이디어(idea) ▶ 출시(launch)

오늘날 어디서나 흔히 볼 수 있는 쇼핑 카트는 어떻게 발명되었을까? 80여 년 전으로 돌아가 보자. 오클라호마의 한 슈퍼마켓 매장 주인이었던 실반 골드만(Sylvan Goldman)은 장바구니가 너무 무겁거나 가득 찰 경우 고객들이 더 이상 물건을 사지 않는다는 사실을 발견했다. 고객의 문제는 그의 문제이기도 했다. 그는 고객들을 위한 개선책을 찾기 시작했다. 1936년 그는 바퀴 달린 쇼핑 카트를 아이디어로 내놓았다. 접이식 의자를 틀로 이용하여 두 개의 장바구니를 함께 운반하는 단순한 발상에서 출발했다. 1년간의 시행착오를 거치면서 골드만은 새로운 형태의 '접이식 쇼핑 카트'를 매장에 도입했다. 이 낯선 운반도구는 고객의 편의를 위해 설계되었음에도 불구하고 마트 이용객들에게 철저하게 외면당했다. 남자들은 무거운 장바구니를 척척 짊어지지 못하면 남자답지 못한 사람으로 보이지나 않을까 걱정했다. 젊은 여자들은 카트 디자인이 유행에 동떨어졌다고 여겼고, 노인들은 카트에 의지할 만큼 도움이 필요한 사람으로 보이길 원치 않았다.

골드만은 접이식 쇼핑 카트 아이디어를 포기하지 않았다. 대신 전 단계로 돌아갔다. 그는 고객들이 왜 쇼핑 카트 사용을 꺼리는지 곰곰이 생각해 보았다. 그리고 고객들의 거부감을 바꾸려면 무엇이 필요한지 생각했다. 그는 카트의 기능이 문제가 아니라 카트를 사용하는 사람들의 '느낌'이 문제라는 점을 명확히 파악했다. 그의 답은 간단했다. 남녀노소에 따라 카트 모델을 다르게 개발하여 고객들이 카트를 밀면서 매장을 돌 때 짐을 나르고 있다는 느낌이 아니라 쇼핑하는 것처럼 느끼도록 만들었다. 아울러 모든 고객이 카트를 사용한다는 점에 주목하여, 매장 입구에서 카트를 나누어줄 친절한 안내원을 고용했다. 그리고 이후의 일들은 흔히 말하듯 역사가 되었다.

쇼핑 카트는 도입한 지 3년 만에 미국의 문화로 정착했다. 새터데이 이브닝포스트(The Saturday evening post)지 표지에 쇼핑 카트가 등장했고, 슈퍼마켓들은 카트 사용에 맞춰 매장을 재구성했다.

발명자였던 골드만이 카트 발명이 가져온 삶의 변화상을 본다면 어떤 느낌일지 궁금해진다. 그로부터 얼마나 많은 세월이 흘렀는가! 오늘날 많은 사람들이 우유 사는 것을 깜빡 잊고 있다가 저녁 8시쯤 마트에 가서 쇼핑 카트를 몰면 구매 충동이 급상승한다는 것을 알고 있다. 또한 쇼핑 카트 모양의 아이콘은 전 세계적으로 구매 경험을 상징하는 표식으로 자리를 잡았다. 소파 위에 다리를 얹고 온라인으로 물건을 살 때도 우리는 쇼핑 카트 아이콘을 보면서 우리가 쇼핑하고 있다는 사실을 깨닫는다.

지금까지 우리는 경쟁에서 우위를 선점하거나 뭔가 다르거나 뭔가 더 낫도록 만드는 것이 성공으로 가는 지름길이라고 믿어왔다. 하지만 다르게 만든다는 말은 무슨 뜻인가? (경쟁 제품보다) 기대치를 높이고, (경쟁 제품보다) 한 발 앞서 나가는 것이고, (경쟁 제품보다) 눈에 띄게 만드는 것이다. 우리의 관심은 상품 자체보다는 경쟁자를 이기는 데 쏠려 있다. 하지만 당신이 아무리 '나는 다르다'고 외치더라도 접근방식을 바꾸지 않는 한 근본적으로 경쟁자와 같은 페이지, 같은 카테고리에서 단 한 걸음도 벗어나지 못하게 된다.

그와 반대로, 디퍼런스를 창조한다는 것은 완전히 새로운 관점에서 사물을 보는 것이다. 사람들이 제기한 문제점이나 니즈를 원점에서 다시 생각해본 뒤, 문제를 해결하기 위해 무엇이 필요한지 결정한다. 이러한 접근법은, 게임의 룰을 바꾸고 카테고리와 고객의 경험을 재창조하는 혁신과 해결책으로 우리를 이끌어준다.

안경 소매상 워비파커(Warby Parker)의 공동 창업주 데이비드 길보아(David Gilboa)는 700달러짜리 안경을 잃어버리고 비싼 가격 때문에 재구입을 포기한 지극히 개인적인 경험이 있었다. 당신은 이 같은 경험을 해본 적이 있는가? 한편 데이비드의 공동 창업주인 닐 블루멘탈(Neil Blumenthal)은 비전 스프링(Vision Spring)이라는 비영리 단체에서 일한 적이 있었다. 그 단체는 개발도상국 사람들의 수요에 맞게 안경을 공급하는 일을 담당했는데 그 덕분에 닐 블루멘탈은 세계에서 가장 가난한 사람들조차도 안경을 살 때 스타일을 따진다는 사실을 알게 되었다. 데이비드와 닐이 품었던, 비싸지 않은 가격에, 취향에 맞는 세련된 안경을 전 세계에 공급하자는 발상의 핵심에는 이와 같은 경험, 다시 말하면 잠재고객에 대한 공감이 있었다.

디퍼런스를 창조한다는 건 무슨 말일까? 경쟁자를 누를 만한 새롭고 개선된 방식을 찾는 것? 물론 아니다. 이보다는 '경쟁자가 된다'는 말이 무슨 뜻인지 다시 한 번 생각해 보는 게 낫다. 디퍼런스를 창조한다는 말은, 이미 있는 것과 이룰 수 있는 것 사이의 틈새를 좁히는 일이다. 달리 말해 해소되지 않는 인간 욕구의 아주 작은 틈을 어떻게 메워야 하는지 밝혀내어 이전에 없었던 새로운 기대치를 갖도록 만드는 일이다. 왜냐하면 디퍼런스는 단순히 제품을 인식하는 데서 그치지 않고 경험하고 느끼는 데까지 나아가도록 만들기 때문이다.

디퍼런스를 창조하기 위해서는 전에 없던 새로운 아이디어가 있어야 하거나 색다른 무언가를 발명해야 한다고 생각하는가? 그럴 필요는 없다. 스타벅스는 커피를 발명하지 않았고, 애플은 스마트폰을 발명하지 않았다. 다만 이 회사들은 제품이 아니라 제품에 대한 새로운 경험들을 창출했을 뿐이다. 우리가 중요하게 여기는 완전히 새로운 의미를 부여하여 기존의 상품을 전혀 다르게 받아들이도록 만든 것이다.

50여 년 전, 비즈니스의 관심사는 시장 지배력이었다. '더 많이'라는 가치가 천하무적 골리앗을 만드는 지름길이었다. 오늘날 시장에서 '더 많이'로 가는 지름길은, '남과 다르게 되는 것'이 아니라 '디퍼런스를 창출하기' 위해 무엇을 할 것인지 고민하는 일이다. 최고의 아이디어를 내는 사람이 승자가 아니다. 사람들이 실제로 겪고 있는 문제가 무엇인지 가장 잘 파악하는 사람이 바로 승자다.

| 남과 다르게 된다는 것 |

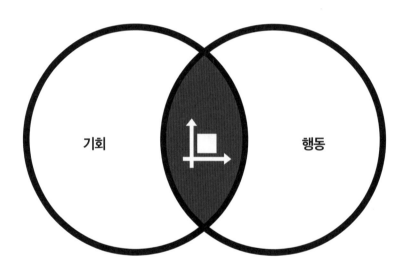

| 디퍼런스를 창조하는 것 |

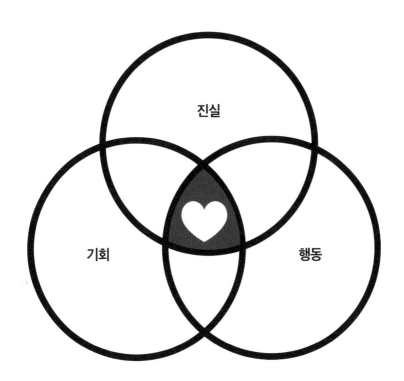

당신이 해야 할 일은 경쟁자와 구별될 기회를 찾거나, 혹은 경쟁자보다 한 걸음 앞서 가기 위한 방법을 탐색하는 것이 아니다. 대안 찾기에 골몰해서는 안 된다. 당신이 즐겨 찾는 커피숍이 자신도 모르는 사이에 일상에서 빠져서는 안 되는, 삶이라는 스토리의 일부가 된 것처럼 당신의 임무는 고객의 삶에 '유일한 것'이 되도록 무언가를 만드는 일이다. 이를 위해선 사람들이 믿고 몰입하길 원하는 스토리가 무엇인지 알아야 한다. 쇼핑 카트를 개발한 골드만처럼 사람들이 느끼는 방식을 바꾸지 않고서는 그들의 생각과 행동 양식을 바꿀 수 없기 때문이다.

나는 매일 자신의 브랜드 스토리가 지닌 가치를 어떻게 하면 세상 사람들이 알아줄까 하고 고민하는 경영자들과 함께 일한다. 내가 찾던 것이 여기 있다. 당신의 브랜드 스토리가 고객에게 왜 중요하게 받아들여져야 하는지 그 이유를 이해하지 못한다면 당신에게는 이야기를 전달할 기회조차 주어지지 않는다. 남과 다르기만 해서는 세상을 깜짝 놀라게 할 수 없다. 고객이 우리 제품을 사야 하는 이유를 찾는데서 그쳐서는 안 된다. 도리어 사람들이 우리 브랜드에 관심을 기울여야 하는 이유, 우리 브랜드의 스토리에 참여해야 하는 이유를 스스로 느낄 수 있도록 아이디어와 경험을 창조해야 한다.

나는 우리 시대에 주목받는 브랜드들이 어떻게 성공했는지 '디퍼런스 모델(Difference Model)'을 통해서 분석했다. 그렇다, 당신과 당신의 조직이, 당신이 만드는 디퍼런스의 관점에서 생각을 시작할 수 있도록 이 모델이 도와줄 것이다. 나는 디퍼런스 모델의 역할을 염두에 두고 이 모델을 한 장의 맵으로 표현할 수 있는 방법을 발전시켜왔다. 이 방법은 당신이 우버, 스팽스, 애플, 파타고니아가 했던 방식대로, 사업을 재조명하고 마케팅을 재탄생시키는 데 도움이 될 것이다. 여러분은 이 책의 뒤쪽에서 디퍼런스 모델과 이 모델이 어떻게 각 기업에 맞게 맵으로 구현되었는지 보게 될 것이다.

중요한 아이디어를 이 세상에 드러내고, 전달하고 싶은가? 당신의 스토리가 지닌 가치를 발견하고 봉인을 해제할 수 있는 방법을 알고 싶은가? 당신의 고객, 독자, 사용자, 의뢰인들이 무엇을 중시하는지 알고 싶은가? 이 책이 가이드가 될 것이고, 그때 당신은 디퍼런스를 창조할 수 있을 것이다.

《 디퍼런스 씽커의 10가지 특징 》

1 디퍼런스 씽커는 영향력을 만드는 데 관심이 크기 때문에 사람들과의 공감을 시도한다.

2 디퍼런스 씽커는 자신이 원하는 방향대로 세상을 바꾸겠다는 의식이 뚜렷하다.

3 디퍼런스 씽커는 작전을 실행할 때는 발을 동동 구르지만, 고객과의 공감대를 찾는 것처럼 큰 그림을 그릴 때는 무한한 참을성을 발휘한다.

4 디퍼런스 씽커는 적절한 질문을 던진다. 이 말은, 듣는 것보다 말하는 게 두 배 이상 많다는 뜻인데, 말을 하려면 용기가 있어야 하기 때문이다. 대개 이들은 공허한 비판만 일삼는 사람을 무시한다.

5 디퍼런스 씽커는 사람들이 어떤 말을 믿는지 안 믿는지 지켜본다.

6 디퍼런스 씽커는 모든 사람을 만족시키겠다는 생각 따위는 품지 않는다. 대신 시장의 가장자리에 존재하는 개개인을 위해 혁신하고 창조한다.

7 디퍼런스 씽커는 제품을 만들어놓고 고객을 찾는 대신 고객을 먼저 설정하고 이후에 제품을 만든다.

8 디퍼런스 씽커는 사람들에게 이야깃거리를 만들어 주어야 한다는 사실을 알고 있다(사람들이 '너, 이거 알아?' 하고 친구들에게 메일을 보내거나 대화를 시작할 수 있도록 해주는 그런 스토리).

9 디퍼런스 씽커는 '뭔가 다른 느낌'을 주는 무형의 가치를 창출하여 사람들이 느끼는 방식에 변화를 주려고 노력한다.

10 디퍼런스 씽커는 신뢰가 두 번째로 가치 있는 자산이라는 점을 알고 있다. 그들이 생각하는 첫 번째 자산은, '그 길은 틀렸다'고 말하는 사람들의 비난을 이겨내고 자신만의 길을 찾아 뚜벅뚜벅 걸어갈 줄 아는 의지다.

1장

스토리가
지배하는 세상

시력보조
기구인 안경을 패션 아이템으로
탈바꿈시킨 **워비파커** 〈여행숙소 호텔의
고정 **관념을** **에어비앤비**
산산이 파괴한
고객 중심의 쉽고 쉬운 개인뱅킹 서비스를 만든
심플닷컴 앱
전 세계 명확 이서비스를 만든 **우버**
발칵 뒤집은 **무닷컴**
오스트랄라시아메디컬
저널과 셋고 **바리** 운하들
고쳐 **썻는** 문화를 바꿔업계
기 위해 탄생한 **수그루** 닷컴
남성들의 면도 습관에 주목한
달러쉐이브클럽 아
환경다 관경에 관심 사람들을 통해 먹거리를
직접 지속가능 형에 주목한
재배하 **리틀베지패치** 의류납세원 **심리닷코** 지배하
서비스를시작한 지속가능 형 닷코
물 부족 문제 해결류 재태우닝타 위해탄생한 **채리티워터** 베이커
글루텐프리 시장을 넘보는 **바이더웨이베이커리** 까지

🔓 프리드리히 대왕의 감자 마케팅

당신이 중세 유럽에 살았다면 매일같이 밀과 곡류로 배를 채웠을 것이다. 실제로 당시 식탁을 차지하던 음식의 4분의 3가량이 포리지(porridge, 귀리에 우유나 물을 부어 걸쭉하게 죽처럼 끓인 음식 — 역주)나 그루얼(gruel, 포리지보다는 좀 더 묽은 귀리죽. 서민들이 주로 먹었다고 한다. — 역주)이었고, 시간이 흐르면서 빵의 비중이 커졌다. 당시 지배층은 서민들이 한 가지 작물에 의존하여 끼니를 해결하면 나중에 흉년이 닥쳤을 때 큰일을 당할지 모른다고 생각했다. 물론 대안이 있긴 했다. 감자였다.

남아메리카에서는 수백 년간 감자를 재배했지만 아직 유럽에선 감자가 널리 보급되지 않았다. 유럽인들은 맛도 없고 향도 없는 이따위 걸 누가 먹느냐며 감자를 꺼렸다. 감자를 최초로 재배한 유럽인은 스페인 사람들이었는데 이들은 감자를 가축 사료로 썼다. 감자에 대해 가장 회의적인 유럽 농부들이 감자가 유익하다고 생각한 경우는 이 사례가 전부다. 아무튼 이 못생기고 울퉁불퉁한 감자는, 차마 사람이 먹을 수 있는 음식은 아닌 것으로 여겨졌다. 그렇다면 도대체 유럽에 어떤 일이 벌어졌기에 감자가 '줘도 안 먹는' 작물에서 '안 먹고는 못 배기는' 작물로 급부상하게 되었을까?

당시 유럽의 통치자들은 감자가 대안식량으로 어마어마한 잠재력을 지녔다는 사실을 알고 있었다. 문제는 '감자 = 못 먹을 것'이라고 여기는 백성들에게 어떻게 감자를 재배하도록 만들 것인지 묘수를 찾는 일이었다. 영국에서는 타임스(The Times)에 감자가 얼마나 먹기 좋은 음식인지 옹호하는 내용의 사설이 실리기도 했다. 프랑스에서는 감자 재배에 대한 왕의 승인이 떨어졌으며, 루이 16세와 마리 앙트와네트 왕비는 감자에 대한 호감도를 높이기 위해 감자꽃을 옷 장식으로 달기도 했다.

프로이센 왕국의 프리드리히 대왕 역시 감자 홍보에 두 팔을 걷어붙였다. 그는 감자가 빵 값을 낮추고 백성들을 기근의 공포로부터 구원해주리라 여겼다. 그는 백성들을 설득하는 데 전력을 쏟았으며, 1774년에는 감자 재배를 강제로 시행토록 하는 칙령을 반포했다. 그럼에도 불구하고 지방 군주들은 여전히 감자에 시큰둥한 반응을 보였다. 심지어 이 못생기고 맛없는 작물은 개도 쳐다보지 않을 것이라며 공공연히 떠들고 다녔다. 프리드리히 대왕은 칙령 대신 다른 방법을 쓸 수도 있었겠지만, 무엇보다 백성이 왜 거부감을 갖고 있는지 그 마음을 헤아리지 않았기 때문에 납득할 만한 주장을 펼치지도 못했다. 분명 그의 제품은 팔리지 않았다.

프리드리히 대왕은 접근법을 바꾸었다. 그는 백성들이 감자를 어떻게 생각하고 있는지 살피면서 이에 대한 '공감'을 통해 문제를 다시 바라보기 시작했는데 그제야 비로소 자신이 어떤 과정을 밟아야 하는지, 어떻게 해야 사람들이 감자를 재배하도록 만들 수 있는지 통찰을 얻게 되었다.

곧 프리드리히 대왕은 정원사에게 감자를 재배하라고 명령을 내렸다. 감자밭에는 도둑을 막기 위해 무장 감시요원들을 배치했다(물론 진짜 목적은 도둑을 막는 게 아니었다. 단지 막는 것처럼 보이는 게 목적이었다.). 그러자 신기한 일이 벌어졌다. 백성들이 이 비밀의 텃밭에 관심을 보이기 시작한 것이다. 농민들은 왕이 감시할 정도라면 분명 귀한 걸 기르는 모양이라고 여겼다. 왕이 소중히 여기는 것이라면 값도 꽤 나가지 않겠는가. 그들은 온갖 방법을 동원하여 왕의 밭에서 자라고 있는 식물을 손에 넣었고, 자기 땅에 몰래 옮겨다 심었다.

당시에는 아무도 몰랐겠지만, 이는 분명 프리드리히 대왕의 승리이자 백성의 승리였다. 경제학자들은 1700~1900년 사이에 증가한 세계 인구의 4분의 1가량은 감자 도입 덕분인 것으로 추정한다. 프리드리히 대왕의 번득이는 전략이 없었다면 아일랜드 조상들 상당수가 살아남기 힘들었을지도 모른다.

지난 수십 년간 우리 마케터들은 아이디어를 필요로 하는 사람들,

즉 사용자의 시각을 통해 세상을 바라보는 법을 잊어버리고 말았다. 업무의 시작점을 '공감'에 두지 않고, 대신 폐쇄적인 자기중심적인 시각을 고집하며 일을 추진했다. 사람들이 이 제품을 원하든 원치 않든 그건 중요한 게 아니라고 여겼다. 어떻게 하면 내가 팔고 싶은 것, 홍보하고 싶은 메시지에 세상의 이목을 집중시킬 수 있을까, 하는 엉뚱한 생각에 시간을 낭비했다. 내일 당장 승자가 되어야 한다는 조급한 마음으로 접근한 나머지, 소비자의 변화에 대응할 수 있는 기회, 그들의 생각 속으로 들어가고, 그들에게 영감을 줄 수 있는 좋은 기회들을 깡그리 날려버렸다. 오늘날의 소비자들은 선택의 폭이 대단히 넓은 시대에 살고 있으며, 또한 디지털 권력을 갖고 있다. 그런데 단기간에 성과를 올린 회사들은 이전과 다른 세상에서 살면서도 더 이상 지속 가능한 비즈니스를 구축하지도 않으며, 사람들이 관심을 기울이는 브랜드를 창출하지도 않는다. 시대가 바뀌었다는 것을 받아들이지 못하는 것이다.

오늘날 성공가도를 달리는 회사들을 보자. 그들은 그 어느 때보다도 성공한 아이디어, 성공한 비즈니스, 성공한 브랜드가 대중의 문화, 신념, 열망, 행동을 강화시키고 향상시키며, 심지어 새로운 문화와 인식을 만들기도 한다는 사실을 잘 안다. 그들은 노마디즘(특정한 가치나 삶의 방식에 얽매이지 않고 끊임없이 자기를 부정하면서 새로운 자아를 추구하는 것 ─ 역주), 의식 있는 소비, 간편함/단순함(simplicity), 원산지,

환경에 대한 자각, 유대감, 자기표현, 향수(nostalgia), 모험, 진짜 먹거리, 여성 체형에 대한 인식(예컨대 디즈니 만화나 일본 만화에 등장하는 여성 캐릭터들의 비정상적 인체 비율에 대한 사람들의 인식 — 역주)과 같이 문화를 변화시킬 수 있는 방법을 찾아냈다. 룰루레몬(Lululemen), 홀푸드(Whole Foods), 에어비앤비(Airbnb), 워비파커(Warby Parker), 킥스타터(Kickstarter), 인스타그램(Instagram), 도브(Dove), 킵컵(KeepCup), 파타고니아(Patagonia), 이노센트주스(Innocent Juices), 메소드(Method), 집카(Zipcar), 채리티워터(charity: water), 드롭박스(Dropbox), 테드닷컴(TED.com), 애플(Apple), 스타벅스(Starbucks), 칸아카데미(Khan Academy), 태스크래빗(Task Rabbit), 수그루(Sugru) 등이 바로 그런 기업들이다.

그러나 새로운 시대의 변화를 받아들이지 못한 채 아직도 과거에 살고 있는 회사들은 어떤가? 그들은 자신이 개발한 제품을 팔기 위해 큼직한 마케팅 퍼널(Marketing Funnel. 소비자의 구매의사 결정과정, 즉 소비자가 여러 개의 제품 가운데 하나의 제품을 골라 끝내는 충성 고객이 되는 과정을 깔때기를 통해 설명하는 고전 마케팅 이론. 최근에는 마케팅 퍼널만으로는 복잡해진 소비자 구매의사 결정과정을 설명할 수 없다고 보고 '깔때기를 뒤집어야 한다'는 등 대안이 제시되었다. — 역주)을 만들어야 한다고 여전히 믿고 있다. 달리 표현하면, 잠재력이 가장 큰 고객의 마음을 이끌어낸 뒤 이들을 시장 선도적 고객으로 전환하기 위해, 우리가 할 수 있는 건 무엇이든 다해야 한다는 말이다. 이때의 전술이란 무엇인가? 제품과 서비스에 관심을 둔 사람들을 많이 얻을 수 있으리라는 희망을 품고, 우리가 준비한 메시지를 일방적으로 난사하는 방법이다. 이런 접근법은 메시지를 지속적으로 홍보하는 동안에는 효과가 있을지 모르지만 계속 땔감을 넣지 않으면 꺼지고 마는 불처럼 지속 불가능한 제로섬게임이다. 지금 당신이 해야 할 일은 그와 정반대다. 사람들이 원하는 게 뭔지 밝혀내서 둘도 말고 딱 한 사람만이라도 홀딱 빠지게 만들어야 한다. 그 사람은 깜짝 놀라고 즐거운 표정으로, 어쩌면 자기 친구마저 고객으로 만들겠다는 의지로 머리에 깔때기를 쓰고 당신 이야기를 화제에 올릴 것이다.

마케팅 관련 서적이 있다면 아무 책이나 펼쳐보라. 마케팅이란 판매자의 손에서 구매자의 손까지 물건이 전해지는 과정을 포함한 일련의 활동이라고 적혀 있을 것이다. 판매자의 손에서 구매자의 손까지 물건이 전해진다는 말은 제품과 돈을 교환한다는 뜻이며, 마케팅은 바로 이 교환을 위해 존재하는 것이다. 광고가 등장하기 전, 원시 부족민들이 필요한 물건을 부싯돌 조각과 바꾸던 때조차도, 마케팅은 단순히 물건을 주고받는 거래 행위가 아니었다. 실은 그보다 더 많은 의미를 내포하고 있었다.

그렇다, 마케팅이란 감정을 주고받는 행위다. 이전부터 그 의미에는 항상 변함이 없었다. 마케팅은 인간이 느끼는 방식을 바꾸는 것, 결국 어떤 물건에 애정을 주게 만들거나 자기 자신을 조금이라도 더 사랑하도록 만드는 것과 관련이 있다.

마케팅은 숫자로 측정할 수 없는 하나의 예술이다. 그러나 우리는 대량의 데이터와 포커스 그룹(시장 조사나 여론 조사를 위해 각 계층을 대표하도록 뽑은 소수의 사람들로 이루어진 그룹 — 역주)을 이용해 마케팅을 순수과학으로 전환하려고 애써왔다. 물론 사람들이 웹사이트에서 보내는 시간이 얼마나 되는지, 어플리케이션을 쓰다가 언제쯤 지겨워하는지 분석하여 내놓은 데이터는 써먹을 데가 많다. A/B 테스트(고객에게 A, B 시안을 주고 어떤 것이 좋은지 선택하도록 유도하는 테스트 방식 — 역주)를 통해 우리는 고객들이 어떤 랜딩페이지(배너광고를 클릭하면 처음 접속하게 되는 웹페이지 — 역주)나 어떤 광고 문구를 선호하는지 알 수 있다. 이러한 통계적 정보들 또한 유용하다. 그러나 이게 전부가 아니다. 제품을 만들거나 고객들이 원하는 광고 문구를 사용하기 위해서는 우선, 고객이 믿음을 주고 싶어 하는 스토리를 갖고 있어야 한다. 아울러 고객을 위해 디퍼런스를 창조하기 전에, 고객들이 관심을 갖고 즐겨 사용할 만한 제품 및 서비스가 필요하다. 지난 70년간 몇몇 마케팅 이론과 실제 방법론은 고객의 관심이나 애정, 스토리 따위는 중요하지 않다고 주장해 왔다. 이제 그 스토리를 다시 쓸 기회가 왔다.

지금은 마케팅 깔때기를 뒤집어야 한다고 주장할 때가 아니라 사람들이 실제로 무엇을 원하는지 관심을 기울일 때다. 디지털 시대의 고객들은 차가운 돈보다는 시간, 로열티, 콘텐츠, 아이디어, 유명인의 공개적 지지와 같은 가치를 더 중시한다. 고객들이 여러분의 제품을 사는 데서 그치지 않고 우리의 브랜드를 사랑하는 데까지 이르게 하려면 사고방식을 바꿀 필요가 있으며, 디퍼런스를 중심에 두고 우리의 비즈니스를 재구축해야 한다고 나는 믿는다.

 ## 나는 더 이상 크렘에그를 안 먹어요   - 4P의 종말

TV가 보급되기 전인 1965년 마케팅 학자 제롬 매카시(E. Jerome McCarthy)는 4P 범주를 이용한 마케팅 믹스(Marketing Mix)의 원형을 제시했다. 마케팅 믹스는 비즈니스를 성장시키고 시장 점유율을 높이는 데 필요한 도구로, 시장에서 생존하기 위해 마케터들이 주목해야 할 P로 시작하는 4개의 요소, 즉 product(제품), price(가격), place(유통), promotion(판매촉진)을 말한다.

세월이 흘러 또 하나의 P가 추가되었다. 점점 더 많은 제품들이 시장에 쏟아질 무렵, 알 리스(Al Ries)와 잭 트라우트(Jack Trout)는 포지셔닝(positioning)이라는 개념을 제시했다. 포지셔닝은 제품에서 출발하지만, 제품을 보다 잘 만들기 위한 방법을 담고 있는 것은 아니다. 포지셔닝은 '잠재고객의 마음'에 어떻게 파고들 것인지, 그 마음에 무엇을 심을 것인지에 대한 이야기다. 광고 회사는 시장의 틈새나 광고를 의뢰한 회사가 시장에서 차지하는 포지션을 탐색한다.

> 근본적인 포지셔닝 접근법은 새롭고 다른 것을 만들어내는 일이 아니라 고객의 마음속을 움직이는 일이다.
>
> — 알 리스, 잭 트라우트, 『포지셔닝』

　포지셔닝은 사람들이 광고를 정보로 받아들이고, 동네 가게들이 창고에 쌓아둔 물건 안에서만 구매를 결정했던 디지털 이전 시대의 고객에게는 꽤 효과적인 전략이었다. 실상, 70년대에 내가 캐드베리(Cadbury)의 크렘에그(Crème Egg. 캐드베리가 판매하는 계란 모양의 초콜릿. 영국에서 매년 새해와 부활절에 가장 많이 팔리는 제과제품으로 꼽힌다. ─ 역주)에 푹 빠진 데에는 분명 알 리스와 잭 트라우트의 영향이 어느 정도 있다고 본다. 그러나 선택의 폭이 무한히 넓어지고 광고가 아닌 고객 사이의 대화가 소통 채널을 장악하고 있는 세상에서는 기존의 P만으로는 힘들다. 이제 P의 다른 조합과 새로운 마케팅 유형을 고려해야 한다. 새로운 마케팅 유형이란 단순히 주목받는 제품이나 회사를 의미하는 것이 아니라 디퍼런스 씽킹 위에 구축된 마케팅을 말한다.

그 피자집은 어떻게 됐을까?

- 광고의 종말

지난주 일이다. 제한속도 시속 80킬로미터의 도로를 달리다가 몸을 좌우로 크게 흔들며 도로변을 오가고 있는 한 소년을 보았다. 소년은 '하나 사면 하나는 공짜'라고 대문짝만하게 쓴 빨간 광고판을 앞뒤로 걸쳐 매고, 어떻게든 관심을 끌려고 열심히 춤추고 있었다. 그 소년을 지나쳐서 200미터쯤 달렸을까. 건너편 도로변의 후미진 곳에 위치한 피자 가게 하나가 눈에 띄었다. 소년이 홍보하는 곳이 분명해 보였다. 그리고 자연스럽게 드는 의문, 과연 소년의 광고는 얼마만큼의 가치가 있을까. 시선을 끄는 데는 성공했을지 모르지만 그렇다고 매출이 늘까.

2013년 한해, 전 세계는 5천억 달러에 달하는 돈을 광고에 쏟아 부었다. 우리는 매년 거액을 써가며 아무도 관심을 기울이지도, 주목하지도 않는 메시지들을 던져 사람들의 눈살을 찌푸리게 만든다. 우리는 지금까지 성공하기 위해서는 남과 다르거나 남보다 낫게, 또는 더 눈에 띄거나 더 요란스럽게 만들어서 세상의 이목을 끌어야 한다고 믿었다.

사전을 뒤져 봐도 그렇다. '광고'는 어떤 가치나 기쁨을 전하기 위해 제작되는 것이 결코 아니다. 알리는 게 목적이다.

광고하다(advertise)

1. 상품이나 서비스를 사람들이 사서 쓰도록 보도기관에 알리다.
   예) 새로운 치약 브랜드를 광고하다.

2. 관련된 정보를 대중에게 제공하다. 신문, 라디오, 텔레비전 등의
   매체에 정보를 공표하다.
   예) 현상금을 광고하다.

3. 자랑거리나 과시거리로 주의를 환기시키다.

  시선을 끄는 게 목적이기 때문에 기업들은 수단과 방법을 가리지 않고 '나 좀 보라!'고 외친다. 이 때문에 사람들은 광고를 보며 화를 내고 불쾌하게 여긴다. 현 세대가 전 세대에 비해 참을성이 떨어졌기 때문은 아니다. 전보다 더 많이 주목하라고 요구하고 전보다 골라야 할 게 너무 많아졌기 때문이지 않을까. 오늘날에는 라디오 채널이 변화가 간판 숫자만큼 많아져서 어떤 채널에 맞춰 들어야 할지 곤란할 지경이다. 우리는 무료 팟캐스트를 들으며 장시간 재미를 느끼며 정보를 얻을 수 있다. 팟캐스트에는 개밥을 사라거나 어떤 이중유리창이 좋다는 식의 광고가 없다. 저녁 6시, 채소를 무치다가 외판원에게 갑자기 전화를 받고 물건을 산 일이 근래에 있었는가? 어떤 인터넷 사이트에 접속했는데 팝업창이 툭 튀어나와 화면을 가리면 기분이 어떤가? 아마도 뜻하지 않은 광고를 접한 고객은 여러분이 예상하던 것과는 완전히 다른 반응을 보일 것이다.

여전히 우리는 아무 맥락 없이 사람들을 괴롭혀도 괜찮다고 생각한다. 왜 그렇게 생각하는 걸까? 우리가 할 수 있는 게 광고밖에 없다고 여기기 때문이다.

기존의 광고와 같은 방식은 사람들의 시선을 끌 수는 있을지 모르지만 관심을 끄는 데는 절대로 좋은 방법이 아니다. 선택의 폭이 무한대로 늘어난 오늘날의 세상에서 생존하고 싶다면 반드시 이 제품과 딱 맞는 사람들이 좀 더 관심을 갖도록 노력하는 것 외에는 달리 방법이 없다.

패션잡지에 광고를 게재하는 데 6,000달러를 쓴 사람이 찾아온 적이 있었다. 그녀는 잡지의 판매 부수를 알고 있었지만, 광고 메시지가 누구한테 가는지는 모르고 있었다. 광고를 내보냈는데 문의 전화가 한 통도 걸려오지 않았단다. 그녀는 광고라면 모름지기 잡지에 내야 한다고 믿고 있는 것 같다. 그래야 안심할 수 있다고 여기는 것이다. 그녀에게 고객 유치와 사업체 생존을 위해 할 수 있는 일이란 오직 잡지 광고밖에는 없었다. 아마도 이 같은 이유로 돈만 낭비하는 광고들이 여전히 존재하는 게 아닐까 싶다. 사업주로서는 주문 전화가 끊어지면 어쩌나 걱정스럽기 때문이다.

광고판을 걸고 춤추던 소년 덕분에 피자 가게는 조금이나마 매출을 올렸을 것이다. 하지만 다음날 다시 길가에 나타난 소년에게는 더 이상 시선이 가지 않는다는 사실을 짚고 넘어가자. 우리는 피자 한 판 가격에 두 판을 먹고 싶을 때만 그 피자 가게나 혹은 반경 5킬로미터 내에 있는 다른 피자집에 관심을 갖게 된다.

뽀송뽀송한 기저귀를 만들면 잘 팔릴까?
- 고유 판매 제안(USP)의 종말

1990년대, 기저귀 브랜드인 팸퍼스(Pampers)의 '고유 판매 제안'(USP, unique selling proposition. 상품이나 서비스의 유일하고 독특한 이점. 혹은 이를 소비자에게 전달하는 것 — 역주)은 세상에서 가장 뽀송뽀송한 기저귀라는 점이었다. 피앤지(P&G, Procter & Gamble)는 이러한 이점에 자부심을 갖고 있었고, 연구개발에 엄청난 액수를 쏟아 부어 '뽀송뽀송한 기저귀'라는 타이틀을 유지하려고 했다. 그러나 단 하나뿐인 그 이점이 회사의 시야를 차단한 나머지 피앤지는 아기 엄마들이 진짜로 원하는 게 무엇인지 알아내지 못했다. 물론 피앤지가 원했던 것처럼 아기 엄마들은 팸퍼스가 세상에서 가장 뽀송뽀송한 기저귀라고 믿고 있었다. 그런데도 하기스 제품이 더 많이 팔렸다. 왜 이런 일이 벌어진 걸까? 피앤지가 엄마들의 머리에 '팸퍼스 = 뽀송뽀송 기저귀'를 주입하려고 애쓰는 동안 하기스는 엄마들의 가슴속으로 파고들었다.

고유 판매 제안은 텔레비전 광고의 선구자인 로서 리브스(Rosser Reeves)가 1940년대에 주창했던 마케팅 개념이다. 리브스는 성공한 광고(꼭 훌륭한 상품 및 서비스에 국한되지 않는다.)가 대중들의 구매의사를 어떻게 바꾸는지 설명하기 위해 '고유 판매 제안'이라는 용어를 고안했다. 이 개념에 따르면 광고는 반드시 '이 제품을 사면, 특별한 이점을 얻게 될 것이다'라는 고유 판매 제안을 포함해야 한다. 고유 판매 제안은 광고가 따라야 할 황금률이었다. 그때만 해도, 소비자들은 질레트 레이저 면도기를 사용하면 '샤프한 외모, 샤프한 느낌(Look sharp, feel sharp)'을 갖게 될 것이라고 여기고 있었다. 기네스 맥주는? '나한테 딱 맞는(Good for you)' 맥주였다. 60년이 훌쩍 지난 지금도, 우리는 아날로그 세상에 적용했던 방식을 디지털 풍경 속으로 욱여넣으려 하고 있다.

마케팅 부서는 더 싸고, 빠르고, 강력하며, 내구성이 좋은 제품 또는 서비스만 있으면 고유한 이점을 달성할 수 있다고 여긴다. 하지만 경쟁 제품의 품질 역시 충분히 훌륭하기 때문에 '더 좋다'보다는 '이게 다르다' 하고 차이점을 강조하게 되는데 이 같은 방법으로는 유리한 위치를 점하기가 점점 더 어려워진다. 사전에 정의된 독특함(unique)이란, 세상에 하나밖에 없으며, 그 어떤 것으로도 대체할 수 없는 것을 의미한다. 25년 전, 세탁용 세제 브랜드가 3개뿐이던 시절에는 누구나 쉽게 '난 달라'라고 말했겠지만, 이제 와서 '난 진짜 다르다니까!' 하고 말해봤자 잘 먹히지 않게 되었다.

우리는 종종 브랜드가 경쟁 브랜드보다 더 뛰어나거나 최고이며 그래서 사람들이 많이 살 거라고 생각하지만 실상 사람들이 제품을 구매하는 이유는 그게 아니다. 그렇다고 고객이 뭔가 색다른 것을 원하는 것도 아니다. 그들은 단지 디퍼런스를 만들어내는 그 무엇을 원할 뿐이다.

스타벅스, 구글, 인스타그램, 아마존, 이노센트주스, 오프라, 스팽스 등등의 브랜드들은 단지 남과 달라서 성공한 게 아니기 때문에 자신들이 어떻게 성공했는지 우리에게 알려줄 수 있었다. 오늘날 브랜드를 독특하게 만드는 것은 브랜드가 창출하는 차이, 즉 디퍼런스다. 그 디퍼런스가 사람들의 일상에 영향을 끼치고 사람들 스토리의 일부가 된다. 단지 남과 다르기 위해서가 아니라 진짜 디퍼런스를 만들어낼 체계가 갖춰져 있다면 디퍼런스가 만들어낼 결과물은 훨씬 더 흉내 내기 어려워진다.

🔓 넌 안경이 한 개밖에 없니?

> 사람들은 자기가 어떤 사람인지 우리에게 이야기하지만, 우리는 그의 말을 귀
> 기울여 듣지 않는다. 왜냐하면 우리는 그에게서 우리가 보고 싶어 하는 모습
> 만 보려고 하기 때문이다.
> _ 드라마 'Mad Men' 시즌 4, 'Summer Man' 편에서 도널드 드레이퍼의 대사

안경 브랜드 워비파커가 부티크 상품 수준의 안경을 한 개당 95달러
에 팔기 시작할 무렵만 해도, 그들은 동종업계의 대표 브랜드가 가진
권위를 약화시키려는 의도는 없었다. 하지만 소비자의 발길이 연일 이
어지면서 회사는 연간 500%씩 성장했다. 그들의 고공행진은 입소문
의 힘이 컸다.

워비파커가 인기 몰이를 하자 소비자들은 안경 구매에 대한 인식을
바꾸기 시작했다. 평범한 안경 고객층은 2.1년에 한 번꼴로 안경을 산
다. 워비파커는 안경이, 만나는 사람이나 방문하는 장소, 혹은 그날의
기분에 따라 바꿔 낄 수 있는 액세서리가 된다면 좋겠다고 생각했다.
만일 여성들이 신발이나 핸드백을 구매하는 것처럼 안경 역시 자기의
개성을 표현하는 하나의 패션 아이템으로 인식하면 백화점 가듯이 안
경점에 들러 기분 내키는 대로 이것저것 구입할 것이라고 판단한 것이
다. 또한 워비파커는 '한 개 사면, 한 개는 기부해드립니다(buy a pair,
give a pair. 소비자가 안경을 구입하면 안경이 필요한 개발도상국 사람에게 소
비자 이름으로 안경을 기부하는 행사 — 역주)'라는 행사를 통해 다른 안경

소매상들과는 다른 스토리를 전개했다. 워비파커의 고객들은 자신이 안경을 몇 개 가지고 있는지, 또 얼마나 자주 안경을 사러 가는지 사람들과 대화를 나누기 시작했는데 이게 안경 시장을 통째로 바꾼 것이다. 워비파커 고객 대다수는 안경이 낡거나 시력이 떨어졌을 때가 아니더라도 매장에 들르는데 한 번 방문할 때마다 한 개 이상의 안경을 구입하는 성향을 보인다.

숙박 공유 사이트 에어비앤비는 여행객들이 전과 똑같은 호텔에서, 전과 똑같이 비싼 돈을 주고, 전과 똑같은 잠을 자는 여행에 지쳐 있다는 사실을 알고 현지인처럼 싼 값에 오래 머물며 여행을 즐길 수 있는 기회를 제공했다. 애플은, 좋아하는 노래 한 곡을 듣기 위해 앨범 전체를 구매할 때 느끼는 그 불쾌감을 싹 없애주었다. 아마존 킨들(Amazon Kindle)은 공항 서점을, 필요한 책의 본문을 검색하되 구입하지 않아도 되는 일종의 열람 전용 도서관처럼 인식하도록 만들었다.

파괴적 혁신이란 해당 산업 자체를 부수는 게 아니라, 사람들이 가진 생각을 깨는 것을 말한다. 그 혁신은, 제품에 대한 사람들의 인식을 바꾸어 행동에 변화를 일으킨다. 미래를 내다보는 것, 그리고 당신이 지금 한 일의 결과로 내일 고객이 어떻게 변할지 생각하는 것이 모두 가능하다.

같은 애벌레를 두고, '이 애벌레를 키우면 분명 더 큰 애벌레가 될 거야' 하고 생각하며 열심히 일하는 사람이 있는가 하면 '이 애벌레를 키우면 나비가 될 거야' 하고 상상하는 사람도 있다. 눈앞의 애벌레를 바라보는 건 누구나 똑같지만 그 결과물을 생각하는 건 사람마다 다르다. 나비를 상상하는 것이 파괴적 혁신이다.

사람들이 사는 건 제품이 아니라 스토리다

> 우리 대다수가 스스로를 생각하는 피조물이라고 '생각'하겠지만, 생물학적으로 우리는 생각하는 피조물이라고 '느끼고' 있을 뿐이다.
>
> _ 질 볼트 테일러, 『긍정의 뇌』

나는 스토리텔링의 본고장인 더블린에서 자랐다. 기네스 맥주와 엄청나게 큰 찻주전자의 고향 아일랜드만큼 스토리 구조가 잘 갖춰진 곳은 지구상에 없다.

위키피디아는 아일랜드가 차(와 기네스 맥주)의 최대 소비국가 중 하나라고 말한다. 그러나 위키피디아가 알지 못하는 게 하나 있다. 바로 아일랜드에서 차는 (기네스 맥주와 마찬가지로) 음료 이상의 의미, 즉 스토리의 윤활유 역할을 한다는 사실이다. 놀랄 것도 없이, 아일랜드인은 스스로 얘기하는 것처럼 '천부적인 말재간'을 지녔다고 알려져 있다. 내가 대여섯 살이었을 무렵, 나른한 일요일 오후가 되면 아버지는 동생과 나를 혼다 오토바이에 태우고 헥터 그레이(Hector Grey) 씨의 주말 장터에 데려 가곤 했다. 아버지를 가운데 두고 한 명은 앞에 앉고 한 명은 뒤에 앉았는데 지금 생각해보면 분명 도로법규 위반이었을 것이다.

헥터 그레이 씨는 은빛 머리카락만큼이나 말재주가 빛나는 가게 주인이었다. 그는 모직공장 밖의 작은 연단에 서서 사람들에게 더 가까이 오라며 손짓했다. 거리가 멀면 목소리가 잘 안 들리는 탓도 있겠지만 실은 기대감을 높이기 위한 계산된 행동이라고 생각한다. 나는 그를 가장 가까이서 보려고 제일 앞쪽에 자리를 잡곤 했다. 헥터 씨는 철제품과 장신구들을 수입하여 팔았다. 그는 이 제품들이 어디에 어떻게 쓰이는 물건인지 한 번도 설명한 적이 없다. 대신 그는 이 물건을 손에 넣었을 때 어떤 기분이 드는지 그림 그리듯 묘사했다.

장이 설 때마다 사람들이 우르르 모여들었지만 박스 안에 어떤 물건이 몇 개나 들었는지 아는 사람이 한 명도 없었다. 헥터 씨는 홍콩에서 수입한 금박 입힌 다기 세트, 타이완에서 들여온 만다린 향 비누를 손에 들고 이야기 주머니를 풀었다. 물건의 원산지는 더블린 사람 대다수가 지도에서조차 본 적 없는 생소한 곳이었다. 그는 파는 물건이 늘 부족하게 느껴지도록 계획을 짰다. 제품 수량은 언제나 한정되어 있고, 물건을 가까이서 볼 기회도 많지 않았다. 헥터 씨는 마법사가 모자에서 토끼를 꺼내듯이 상자를 톡톡 두들기며 설명을 마무리했는데 그럴 때면 늘 준비한 물건이 많지 않으니 선착순으로 팔겠다고 덧붙였다.

우리가 일요일에 장에 가서 사온 물건들은 대부분 딱 한 번 쓰고 말거나, 아니면 유리 장식장 안쪽 깊은 곳 혹은 부엌에 있는 서랍장 맨 아래 칸에 처박히고 말았다.

어쩌면 누군가는 헥터라는 작자가 치밀하게 짜 놓은 각본에 우리가 놀아났다고 얘기할지 모른다. 혹은 그를 두고 더블린의 사기꾼이라고 평할지도 모른다. 그러나 우리에게는 우리를 여정으로 안내해줄 스토리가 필요했다. 헥터 씨는 우리를 그의 무대 앞으로 이끌었다. 그는 우리를 설득하려고 한 것이 아니라 우리의 인식을 바꾸었다. 아이폰 출시일에 맞춰 애플 매장에 장사진이 서는 것과 마찬가지로, 우리는 그날 오후 집에 들고 갈 상자 때문에 무대 앞에 서 있었던 게 아니라, 스토리를 듣기 위해 그 자리를 지켰던 것이다.

그러므로 사람들이 행운을 얻고자 포춘 쿠키를 샀다면 그것은 쿠키를 산 것이 아니라 스토리, 즉 경험을 산 것이다. 어떻게 쿠키만 살 수 있겠는가. 마케터로서 우리는 사람들이 '이건 진짜 내가 원하던 얘기야' 하고 믿게 되는 스토리를 만드는 데 매진해야 한다.

마케터든 소비자든 인간이 생각보다 비합리적이라는 점을 깨닫게 되면 언짢아질 수도 있다. 하버드대 경영학 교수 제럴드 잘트먼(Gerald Zaltman)은 의사결정의 95퍼센트가 잠재의식에서 일어난다고 설명한다. 이 통계는 여러 측면에서 우리를 혼란에 빠뜨린다. 우리는 스스로가 합리적인 결정을 내린다고 믿고 싶어 한다. 그러나 소비자에게 진짜 필요한 것이 스토리와 맥락이라면, 그래서 그 스토리에 대한 대가로 돈을 지불했다면 과연 우리는 스스로를 바보 같다고 생각해야 할까? 하워드 슐츠(Howard Schultz)가 이전의 커피 가게처럼 커피 원두를 저울에 달아서 파는 대신 커피의 '경험'을 만들어 팔기 시작했다고 해서 기분 나빠 해야 할까? 사람들이 가치 있다고 여기는 것이 형태가 없는 어떤 것이거나 사람마다 다르게 느끼는 주관적인 것이라면, 스토리로 만들어서 사람들에게 제공하는 것이 과연 잘못일까?

헥터 그레이와 스티브 잡스, 하워드 슐츠의 천재성은 두 가지 특징에서 두드러진다.

첫째, 이 세 명은, 사람들의 가슴속에 표현하지 못하는 뭔가가 있으며 그래서 누군가로부터 그 스토리를 듣기 위해 이 자리에 모였다는 사실을 잘 알고 있었다.

둘째, 이 세 명은 자신의 스토리를 우리에게 팔기를 주저하지 않았다.

세상을 바꾸길 원한다면 보다 나은 진짜 스토리를 말할 수 있어야 한다. 사람들이 원하는 게 스토리라는 사실을 알았으니 이제 마음이 편해지기를 바란다. 사람들에게 제품을 사라고 설득하지 말고, 대신 사람들이 믿고 싶어 하는 스토리와 브랜드를 선택할 수 있도록 이 제품이 어떤 의미, 어떤 스토리를 가지고 있는지 보여줄 때다. 마케팅은 물건을 파는 일이 아니다. 마케팅은 곧 스토리다. 고객을 위해 어떻게 디퍼런스를 창출할 것인지 스스로 답을 찾아야 한다.

2장

대중 시장이
사라지고 있다

시력보조
기구인 안경을 패션 아이템으로
탈바꿈시킨 **와비파커**(여행숙소 호텔의
관념을 에어비앤비
산산이 파괴한
고객 중심의 쉽고 쉬운 개인뱅킹 서비스를 만든
심플닷컴
전 세계 명화 소비 없이 비비
우버
발칵 뒤집은 무다컴
오스트랄라시아메디컬
저녁과 씻긴 시리즈 운화늘우
고쳐 쓴 시간 문혜 분석보 읽게
기 위해 탄생한 **수구루닷컴**
남성들의 주목한 내인
면도 습관에
달러쉐이브클럽아
멘다 다양에 **관심** 많은 사람들을 위해 먹거리를
직접
지속가능형에 주목한
재배하 **리틀베지패치** **심리닷코**
서비스를 시작한
물 부족 문제 해결을 위해 탄생한 **채리티워터**닷코
글루텐프리 시장을 넘보는 **바이더웨이베이커리** 까지

MIT 공대의 자전거 괴짜는 고객의 마음을 어떻게 읽었나

"대화에서 가장 중요한 것은 음성으로 표현되지 않은 말의 여백을 듣는 일이다."

피터 드러커(Peter Drucker)의 말이다. 지구상에 존재하는 모든 위원회(committee)의 구성원들은 일이 계획대로 잘 돌아간다거나 차질을 빚고 있다는 식의 상황 보고는 할 수 있지만 뭐가 중요한지, 그걸 어떻게 찾아야 하는지까지는 알지 못한다. 역사상 그 어떤 단체의 위원회도 세상이 무엇을 기대하고 있는지, 세상이 어떻게 변할 것인지 딱 부러지게 알고 있었던 적은 없다.

포커스 그룹 역시 마찬가지다. 그들은 하나의 의견을 제시할 수 있지만 그 의견에서 어떻게 의미를 끌어낼 것인지는 그들의 능력 밖이다. 단순히 질문만 던져서는 '진실'을 포착할 수 없다. 핵심을 관통할 만한 질문을 던지고, 그 답을 듣고, 고객의 심중을 뚫어 보는 방법을 배운 뒤에야 비로소 무엇이 진실인지 알 수 있다. 성공하는 비즈니스는 더 좋은 스토리를 말할 줄 안다. 왜냐하면 고객의 진실을 발견하는 법을 배운 뒤, 그들의 행동을 지배하는 세계관, 행동, 습관, 의례에 맞게 해결책을 만들기 때문이다.

자칭 'MIT 공대의 자전거 괴짜'인 슬라바 멘(Slava Menn)과 티반 아무르(Tivan Amour)는 자전거 조명업체 포티파이드바이시클얼라이언스(Fortified Bicycle Alliance)의 공동 창업주다. 이들은 제품을 만들어 킥스타터(Kickstarter, 2009년 설립된 세계 최대의 크라우드 펀딩 서비스. 'crowd funding'이란 대중으로부터 자금을 모은다는 뜻으로, 개인이나 기업이 상품 아이디어를 올리면 회원이 후원자로 나서는 방식이다. — 역주)에 올리기에 앞서, 수백 명의 잠재고객에게 자전거를 탈 때 무엇이 좋은지, 무엇이 싫은지 물었다. 그런 뒤 창업주들은 비 내리는 밤 사람들의 퇴근길을 따라다니며 그들이 자전거에 자물쇠를 채우고 조명을 떼어내는 광경을 지켜봤다.

이들은 사람들이 종종 까먹고 자전거 조명을 그대로 내버려둔 채 집으로 들어가거나 혹은 잘 기억하고 있더라도 자물쇠를 채울 때마다 매번 조명을 분리하면서 얼마나 귀찮아하는지 알게 되었다. 그래서 포티파이드바이시클얼라이언스는 핸들 바와 안장 아래 철봉에 단단히 고정시킬 수 있는 조명을 제작했다. 그들이 관찰한 바에 따르면 잠재고객들은 도난 염려가 없고 충격에도 잘 견디는 조명, 즉 두세 달만 쓰고 버릴 게 아니라 수명이 다할 때까지 쓸 수 있는 조명을 필요로 했다. 멘과 티반은 사람들에게 문제점을 묻는 데서 그치지 않고 잠재고객이 말로 표현하지 못하는 고충까지 파악하기 위해 그들의 일상으로 스며들어갔다. 포티파이드바이시클얼라이언스는 사람들이 원하는 제품을 만들어냈고 그 결과 킥스타터의 후원자들로부터 17만 7천 달러의 투자를 받을 수 있었다. 그들이 생산한 다양한 조명들은 현재 킥스타터에서 예약 판매되고 있다.

'진실'을 알아낼 수 있는 기회가 당신에게도 똑같이 열려 있다.

🛒 개인으로 이루어진 아주 작은 시장

리안(Ryan) 씨는 내가 자란 더블린 교외 작은 마을에서 구멍가게를 운영했다. 그는 20년 넘게 가게를 꾸리며 가족을 먹여 살렸다. 그 집 아이들은 학창시절, 가게 점원으로 일하며 아버지를 도왔다. 리안 씨는 인근에 대형 슈퍼마켓이 들어섰을 때에도 별로 걱정하지 않았다. 물론 그는 고객 중 일부는 물건을 저렴하게 구입하기 위해 대형 슈퍼로 발길을 돌릴 것임을 알고 있었다. 그는 마을 사람 모두를 만족시킬 수 없다는 사실을 잘 알았다. 가게를 유지하기 위해서 마을 사람 전부가 고객이 될 필요는 없었다. 대신 그는 대형매장이 따라 할 수 없는 일, 즉 공동체의식을 창출한다든가 그의 가게에 소속감을 느끼게 하여 고객이 꾸준히 가게를 방문하도록 만들었다. 대형 매장들이 규모와 이윤을 추구할 때, 리안 씨는 고객을 이해하고, 이들과의 관계를 더 긴밀하고 지속적으로 만들려고 노력했다. 그는 고객들의 개인사에 늘 귀를 기울였다. 이를테면, 이번 여름 영국에서 누가 오기로 했다는 고객과 담소를 나누거나 번(Byrne) 아줌마가 성 제임스 병원에 입원해 있는 남편에게 갈 때 여분의 소프트 롤 케이크와 남편이 가장 좋아하는 갤티 치즈를 꼭 찾는데, 그건 남편이 병원 음식을 싫어하기 때문이라는 얘기를 귀담아 듣곤 했다.

업계 사람들과 혁신을 외치는 사람들이 '보다 많은 사람들'에 관심을 기울이기 시작하면서 우리는 대중이나 혹은 '더 많이'가 최적의 출발점이 아니라는 사실을 잊게 되었다. 그런데 아이러니하게도, 세상 모든 사람들과 교류할 수 있는 인터넷을 통해, 우리는 '개인으로 이루어진 아주 작은 시장들'이 존재한다는 사실을 깨달았다. 세스 고딘이 말한 대로, 대중은 죽고 별종의 시대가 시작된 것이다. 더 이상 대량 판매 시장은 존재하지 않는다. 대신 대중에 속하는 평범한 사람이 아니라 대중이기를 거부하는 개인에 맞춰진 시장이 그 자리를 대체했다. 즉 '나'의 관심을 끄는 제품과 서비스가 시장 판도를 바꾸었고, 이를 만든 기업이 성공의 자리에 올랐다.

어떻게 작은 요거트 회사가 자기 회사보다 예산이 20배나 많고 시장의 3분의 2를 잠식하고 있는 대기업과 경쟁할 수 있을까? 초바니(Chobani)는 창업 후 5년간 거의 수익을 올리지 못하다가 2013년 한해 동안 10억 달러(예상치)의 요거트를 팔았다. 그들은 대중이기를 거부하는 개개인에 주목하며 대형 브랜드가 생각지도 못한 일들을 시작했다. 색다른 경험을 원하는 사람들을 위하여 그들은 요거트를 걸쭉하게 만드는 농축제 대신 '불필요한 수분을 제거하는 전통의 기술'을 이용하여 정통 그리스식 요거트를 만들었다. 초바니의 창업주 함디 울루카야(Hamdi Ulukaya)는 요거트에 대한 사람들의 인식을 바꿔 요거트 업계의 판도를 뒤흔들었다. 그는 '맛있고 영양이 풍부한 그리스식 요거트가 모든 개개인의 입맛을 사로잡기'를 원했다. 울루카야는 색다른 기술이나 우수한 재료로 요거트를 만드는 데에서 그치지 않았다. 그는 완벽한 요거트 한 컵을 만들고, 이윤보다는 사람이 중심이 되는 기업을 구축하는 데 18개월간 매진했다.

에어비앤비(Airbnb)는 대중이기를 거부하는 개개인, 즉 호텔에 묵는 대신 모르는 사람의 아파트를 잠시 빌리고 싶어 하는 사람들의 흥미를 끄는 데서 출발하여 전 세계 3만 3천 개 도시에 예약 가능한 30만 개의 숙소 목록을 보유, 지난 5년간 192개국에서 1천만여 건의 숙박 예약을 중개했다.

메소드(Method)는 피앤지(P&G) 같은 거물이 지배하는 가정용 세제 시장에 진출, 대중 시장이 아닌 개개인의 작은 시장을 겨냥하여 효능, 안전성, 지속 가능성, 디자인, 향기 등의 항목에서 차별화에 성공했다. 이 회사는 시장 진출 3년 만에 500퍼센트의 성장을 기록했다.

지난 10년간 처음부터 대중 시장을 노리고 출발한 기업 가운데 시장을 견인하는 힘을 갖고 있거나 고객 충성도가 높은 기업 혹은 사랑을 받은 기업이 있을까? 레드불(Red Bull), 페이스북(Facebook), 집카(Zipcar), 테드(TED), 트레이랫클리프(Trey Ratcliff), 킥스타터(Kickstarter), 인스타그램(Instagram), 스팽스(Spanx), 하이엇데님(Hiut Denim), 자포스(Zappos), 킨들(Kindle), 이노센트(Innocent), 페이팔(PayPal), 태스크래빗(Task Rabbit), 바이더웨이베이커리(By The Way Bakery)는 어떤가? 아마존과 애플 또한 '대중'의 구미에 맞춰야겠다는 생각으로 출발한 기업이 아니다.

사람들은 스스로를 '대중'이라고 느끼길 원치 않는다. 오히려 대중과 구별되고 싶어 한다. 남과 다르게 선택하고, 남과 다르게 보이길 바란다. 무리 속에 파묻히지 않는 특별한 누군가가 되기를 원하는 것이다.

고객에게 '우리는 당신이 표현하지 못한 그 마음을 잘 알고 있다'고 속삭이고 싶다면 다양한 정보에서 의미를 끌어낼 수 있는 통찰이 필요하다. 그 통찰을 얻는 사람만이 향후 가장 영향력 있는 브랜드를 만들 수 있다.

'나 좀 보라'고 외친다고 사라진 대중 시장이 다시 돌아오는 것은 아니다.

🔒 루빅스 큐브의 성공 방정식

1970~80년대에 어린 시절을 보낸 나는, 아주 가까이서 '입소문으로 제품이 팔리는 현상', 즉 구전마케팅을 목격할 기회가 많았다. 인터넷이 아이디어를 전파하고, 누구나 손쉽게 활용할 수 있는 도구와 전술이 넘치는 시대가 되었지만 사람들을 아이디어에 푹 빠지게 만드는 원칙은 100년이 지나도 변함없다.

사람들은 예나 지금이나 아이디어 자체에 마음을 빼앗기는 게 아니다. 아이디어, 제품, 서비스 혹은 장소가 그들에게 주는 그 '느낌'에 푹 빠진다.

1970년대에 크게 유행했던 입체퍼즐 루빅스 큐브(Rubik's Cube)의 인기야말로 구전마케팅의 전형적 사례다. 이 장난감에 대해 단 한 번도 들은 적이 없다고 가정해 보자. 아이들 모두 운동장에서 큐브를 하나씩 갖고 논다(못 가진 아이들은 큐브를 맞추고 있는 친구 옆에서 구경을 한다.). 머리가 굵어져서 더 이상 선생님 앞에서 잘 보이려고 애쓰지 않는 아이들조차도 자기가 얼마나 영리한지 자랑하려고 이 알록달록한 큐브를 갖고 등교한다. 아이들은 장소를 불문하고 큐브를 들고 다니며, 1면이나 혹은 2~3면을 맞춰서 마치 대단한 자랑거리인 양 내보이곤 했다. 큐브를 풀지 못해도 좋다. 갖고 있는 것만으로도 대단한 일이었다.

나아가 큐브를 전부 맞출 수 있다면 그 아이는 천재가 된다. 큐브를 가진 아이들은 단지 장난감 놀이나 퍼즐 풀기를 하고 있는 게 아니다. 그들은 또래 집단에서 소속감을 누리고 경쟁심을 만끽하고 있었다.

한 명의 아이가 친구나 동네 형에게 '루빅스 큐브 알아?' 하고 소문을 퍼뜨린 것을 빼고는 그 누구도 이 장난감에 대해서 정보를 준 적이 없다. 그런데도 불구하고 루빅스 큐브는 역사상 가장 잘 팔린 퍼즐 장난감이 되었다. 그것이 가장 좋은 퍼즐이라서가 아니라(이 큐브를 풀 수 있는 사람은 별로 많지 않다.) 가장 훌륭한 스토리를 가진 퍼즐이었기 때문이다.

우리는 지난 수십 년간 낡은 광고 방식에 발목이 잡혔다. 광고에 돈을 퍼부어 사람들에게 '이건 진짜 믿을 만한 거야!' 하고 외치면 구매로 이어질 것이라고 생각했다. 하지만 '당장 제품을 살' 고객을 얻는 것보다 고객이 평생 동안 제품과 서비스를 믿을 수 있도록 만드는 일이 더 중요해졌다. 애플과 구글처럼 세상에서 가장 가치 있는 회사들은 그저 제품을 사용할 소비자만 창출한 것이 아니라 브랜드가 가진 '뭔가 달라!' 하는 느낌과 그 브랜드에 대한 주인의식까지 만들어냈다.

지난 10년간 널리 성공한 기업 가운데 미식축구 슈퍼볼에 광고를 내서 지금의 이 자리에 온 기업은 없다. 이 기업들은 루빅스 큐브가 한 것처럼 '한 번에 한 사람씩' 다가갔다.

사람들은 제품의 기능이 아니라 약속을 산다

매일 또 다른 제품, 도구, 앱들이 시장에 얼굴을 내민다. 뭔가를 좀 더 편리하게 하려는 목적으로 만들어진 제품들이다.

앱만 봐도 그렇다. 목록을 저장하고, 파일을 공유하고, 사고, 팔고, 보관하고, 캡처하고, 말하고, 보고, 듣고, 아침에 기상하거나 혹은 킬링 타임을 하고 싶을 때, 잘 뒤져보면 이를 도와주는 기능적인 앱들이 존재한다.

그 때문인지 모르겠다. 마케터들은 종종 '이건 꼭 고객들에게 제공해야 할 기능이자 그들이 누려야 할 이점이야'라는 생각의 함정에 빠진다. 그래서 '사람들에게 이 제품이 어떤 역할을 하는지 조금이라도 더 알리고 싶다'는 생각에 갇혀 다른 생각을 못한다.

그게 문제다. 고객들은 대부분 제품의 기능이나 이 기능으로 무엇을 할 수 있는지 따위에 별로 신경 쓰지 않는다. 왜 그럴까?

사람들은 '무언가 하고 싶기' 때문이 아니라, '어떤 상태에 있길' 원하기 때문에 그 제품을 구매한다. 고객들은 덜 바쁘고 더 생산적이기를, 덜 외롭고 더 인간관계가 충실해지기를, 덜 걱정하고 더 평안하기를 바란다.

사람들은 제품의 기능이 아니라 그 기능이 내게 가져다 줄 '어떤 상태를 기대하며' 제품을 구매한다. 즉 고객은 제품이 아니라 약속을 구매하는 것이다.

검정색 이어폰 vs 흰색 이어폰

애플이 고작 몇 달러에 불과했던 이어폰의 상품적 가치에 의미망을 더하여 시장 판도를 바꾸기 전까지만 해도, 세상에 나와 있는 모든 이어폰은 검정색 일색이었다. 그런데 애플이 검정색 대신 흰색으로 이어폰을 만들자 곧 흰색 이어폰은 마치 양복바지 사이의 청바지처럼 또하나의 이어폰이 아니라 종류가 다른 무언가가 되었다. 이어폰의 흰색은 아이팟 유저들 사이에는 소속감을 상징하는 색깔이 되었고, 다른 이어폰을 끼고 다니는 사람들 사이에는 눈에 잘 띄는 독특함으로 인식되었다.

시드니 오페라 하우스의 지붕은 호주 경제에 매해 10억 달러 상당의 이익을 가져다주고 있다. 이 지붕을 조개껍질 모양으로 만든 이유는 그게 설계하기 편하거나 구조적으로 더 튼튼하기 때문은 아니다. 그런데 사람들은 그 앞에 서면 '뭔가 다른 느낌'을 받는다. 공사에 투입된 인건비나 목재, 타일만으로는 설명하기 힘든 즐거움을 느끼는 것이다. 이 지붕은 건물에 의미와 상징을 부여하는 원천이 되었으며, 이곳을 방문하는 사람들에게 하나의 스토리를 제공한다.

현실세계에서는, 형태가 있는 것에 지나치게 많은 가치를 부여한다. 형태가 있으므로 설명도 쉽고 손가락으로 가리키기도 쉽다. 물론 계량되고 측정될 수 있는 사물에 가치를 두는 게 용이하기는 하다. 그렇지만 매일 사방에서 '가치 중심의 혁신(soft innovation, 기술 중심의 혁신, 즉 'hard innovation'에 대하여 가치를 창출하는 데 초점을 둔 혁신을 말한다. — 역주)'이 현실세계의 가치를 좌지우지하고 있다는 증거가 속속 등장하고 있다. 가치 중심의 혁신은 포장 디자인이나 매우 뛰어난 고객 서비스처럼 상대적으로 값이 싸고 때로는 형태가 없지만 고객에 대한 깊이 있는 이해를 바탕으로, 보다 나은 경험을 향유할 수 있도록 제품과 서비스를 제공하기 때문에 사람들의 인식을 바꾸고 '뭔가 다르다'는 느낌을 선사한다.

우리는 어떤 물건과, 그 물건에 부여된 의미를 구분할 줄 안다. 잘 알다시피 물건 자체의 가치는 제한적이다. 제작에 투입된 인건비나 재료비만 계산해 보면 물건 자체의 가치를 쉽게 알 수 있다. 그러나 물건에 부여된 의미, 즉 물건을 통해 우리가 경험하는 것과 그 물건에 관해 우리 스스로 전파하는 스토리는 기하급수적으로 사람들 사이에 퍼지며 가치를 증폭시킨다. 그래서 무게중심은 물건에서 물건에 부여된 의미로 이동하게 된다. 마치 포춘 쿠키처럼 사람들이 진정 관심을 기울이는 건 행운이지 쿠키가 아니듯 말이다.

🛒 이 코딱지만 한 과자는 왜 이렇게 비싼 걸까?

솔직히 마카롱(macaron, 설탕, 계란 등으로 만든 작은 당과류 — 역주)은 한 입 거리도 안 되는 과자다. 먹었다고 생각할 틈도 없이 입안에서 스르르 사라져버리고 심지어 '나는 지금 한 개 먹었어' 하고 뇌가 생각하더라도, 뱃속에 든 거지는 간에 기별도 안 갔다고 말할 정도로 작다. 마카롱이 세상에 나온 지 수백 년이 넘었다. 그러나 불과 수년 전만 해도 나는 이 과자를 본 적이 없다. 그런데 이제는, 다채로운 색상과 다양한 맛을 담은 샌드위치 형태의 이 앙증맞은 과자를 언제 어디에서든 쉽게 만날 수 있게 되었다. 마카롱은 어떤 언어권에서든 어떤 통화권이든, 3달러가 되었든 3유로가 되었든, 좌우지간 비싸다. 사람들 대다수는 마카롱을 공짜로 얻기보다는 직접 구매한다.

마카롱의 주 고객층은 로리 서덜랜드 같이 값이 비싸다고 느끼는 사람이 아니다. 마카롱은 감수성을 노리고 출시된, 굳이 말하자면, 여성의 기호에 맞춘 제품이다. 마카롱의 가치는 매우 주관적인 것으로, 맛이나 포만감과 같이 감각적인 것이 아니라 뇌를 통해 인지되는 어떤 것이다. 즉 이 과자의 가치는 심리적인 것이기 때문에 형태가 없다고 말할 수 있다. 맛에 대한 기호와 무관하기 때문에 마치 생일 케이크처럼 그 자체로 받는 사람에게 즐거움을 안겨주는 달콤한 선물이다.

어쩌면 당신은 마카롱의 성공 비결을 눈에 보이는 물질적인 것에서 찾을지 모른다. 좋다. 한번 보자. 마카롱은 대개 아몬드, 계란 흰자로 만들어지며, 지방 함량이 적고 글루텐이 없으며(이 두 가지는 우리가 관심을 기울여왔던 것이다.), 크기가 작아서 설탕이 얼마나 함유되어 있는지는 측정하기 어렵다…… 여기에 어떤 비결이 있다고 생각하는가? 어쩌면 당신은 한 걸음 더 나아가 마카롱이 완성되기까지 몇 분이나 걸리는지 시간을 재고 있을지 모른다. 물론 지금 우리 눈에 보이는 그게 마카롱이기는 하지만 그건 진짜 마카롱이 아니다. 대신 지금 이 순간에도 고객들이 케이크 진열대에 놓인 다른 제품에 비해 더 저렴하다고 '느끼고' 있는 그게 바로 마카롱이다. 왜 당신에게는 똑같은 느낌이 들지 않는지 묻지 말자. 그 느낌은 그 가치를 알아보는 사람만이 가질 수 있는 것이니까. 이 때문에 마카롱은 아무 가치를 못 느끼는 남자들에겐 바가지 씌우는 물건이 되지만 여성들에게는 탐닉의 대상이 된다.

만일 더 필요한 물건이 없을 만큼 세상 모든 것을 다 가졌다고 상상해 보자. 알다시피 남부러울 것 없이 다 갖게 되면 내가 보유하고 있는 물건에 흥미가 떨어진다. 그러나 그 순간에도 당신에게 가치 있게 느껴지는 게 있다면? 그 제품은 필요나 기능 때문에 우리가 가치를 느끼는 건 절대 아니다. 그러므로 우리는 이 물건을 단순히 제품이라고 부를 수 없다. 같은 맥락에서 마카롱 역시 제품이 아니다. 마카롱은 우리를 대변하는 하나의 스토리다. 우리는 마카롱을 통해 우리의 스토리를 이어나간다.

🔓 고객이 원하는 걸 제공하고 있는가

한 커플이 카페에 들어서서 차 두 잔과 케이크 한 조각, 포크 두 개를 주문한다. 이들에게 차 두 잔과 케이크 한 조각, 포크 두 개는 어떤 의미일까? 여자는 '애인과 함께 케이크를 나눠 먹는다'는 스토리를 마음속에 간직하고 있었기 때문에 사실 맛이 어떻든 큰 상관은 없다. 그저 애인과의 이 시간을 즐기고 싶을 뿐이다. 그런 관점에서 이들의 행동을 보자. 여자가 케이크를 네모나게 자르고 있는 동안 남자는 차를 홀짝거린다. 여자가 케이크 한 덩이를 거의 다 먹을 때까지 남자는 케이크 가장자리에 있는 작은 조각들을 주워 먹는다. 눈에 보이는 건 이게 전부지만 그녀의 스토리는 이런 겉모습과는 전혀 다르다. 여자를 배려하고 있는 남자, 이 순간을 즐기는 여자의 마음을 읽어내지 못하면 카페 주인은 그저 고객의 주문에 따라 음식을 제공하고 이윤을 얻었으므로 나는 고객을 만족시켰다고 여길지 모른다. 하지만 여자 고객이 진짜 원하는 것은 작은 케이크 조각이 아닌 것 같다. 만일 당신이 이 카페의 주인이라면 고객의 니즈 너머까지 생각을 뻗쳐야 한다.

유기농 목화(cotton)로 만들었다는 이유로 한 벌에 130파운드나 하는 청바지가 있다. 누가 이 청바지를 순전히 필요에 의해 구입하려고 하겠는가. 그러나 하이엇데님(Hiut Denim)의 청바지 장인이 웨일즈에서 손으로 직접 만든 청바지라면, 기꺼이 130파운드를 지불하고 물건이 도착할 때까지 수주일 기다릴 사람들이 있다. 그들은 단지 입을 옷이 없기 때문에 하이엇데님을 구매하는 게 아니다.

맥도날드 밀크셰이크를 아침에 구매하는 고객 중 40퍼센트는 말로 표현하지 않은 니즈(needs)뿐 아니라 그 이상의 만족감을 느낀다. 밀크셰이크 한 잔이면 출근 시간에 궁금한 입을 달래고, 점심시간이 오기 전까지 허기를 견딜 수 있다. 다시 말해 이들은 말하지 않은 욕구(desire)까지 충족시킨 것이다.

고객이 표현하지 못한 욕구를 찾기 위해서는 그들의 생각이나 말이 아니라 행동을 봐야 한다. 그 행동 속에 그들의 욕구를 추적할 수 있는 단서가 들어 있다. 보다 정확하게 말한다면, 사람들은 자기가 원하는 게 무엇인지 알고는 있어도 이를 분명하게 표현하지 못한다.

진짜 영향력 있는 브랜드는 제품과 서비스를 만들 때 고객의 니즈만 고려하지 않는다. 니즈에서 한 걸음 더 나아가 고객이 원하는 것, 그들의 욕구, 믿음, 행동, 표현하지 않은 세계관까지 고려한다. 이걸 누가 다 안다고 자부할 수 있는가? 그러므로 당신에게도 기회의 문은 똑같이 열려 있다.

🛍️ 느낌의 차이

싱가포르의 창이 국제공항(Changi Airport)에는 활주로가 단 두 개뿐이다. 그런데 이 공항에는 해바라기가 자라고 나비가 날아다니는 정원이 있다. 이 공항은 세계 최고의 공항 가운데 하나로 손꼽힌다.

미국 헤이스팅스온허드슨(Hastings-on-Hudson)에 위치한 소규모 빵집 바이더웨이베이커리(By The Way Bakery)에 가면 가게 문 손잡이에 반죽을 밀 때 쓰는 밀방망이가 달려 있는 걸 볼 수 있다. 매장 안에 발을 들여놓기도 전에, 고객은 가게 주인이 어떤 의도로 밀대를 달았는지 고객에게 무엇을 기대하는지 힌트를 얻을 수 있다.

불과 얼마 전까지 가정용 세제의 포장 디자인은 매우 평범했다. 그러나 메소드가 등장한 뒤로 세제 포장지는 아름답게 변모했다. 불과 얼마 전까지 커피는 1달러짜리 상품에 불과했다. 그러나 스타벅스가 등장한 뒤로 커피는 4달러의 경험으로 탈바꿈했다.

창이 공항의 정원이나 바이더웨이베이커리의 밀방망이 손잡이처럼 당신이 노력을 들이면 사람들은 무엇인가 바뀌었다는 것을 알아차린다. 그렇게 한 번 인지한 뒤에는 당신이 하는 일을 예전과 다른 느낌으로 바라본다. 알기 전에는 똑같았지만 알고 난 후에는 바라보는 느낌이 바뀌기 때문이다.

'뭔가 다른데' 하고 느끼는 감정은 정체가 불분명하거나 때론 정확히 표현되지 않는데 바로 그것이 핵심이다. 그 느낌의 차이 때문에 사람들은 당신이 신경을 많이 썼다는 사실을 알게 된다. 이 느낌의 차이가 무언가를 상징하는 브랜드를 만들고, 문화를 형성하며, 충성어린 고객들을 줄줄이 끌고 온다. 브랜드란 이런 느낌의 차이를 통해 형성되는 것이기 때문에 광고의 물량공세가 매출에 도움이 안 된다고 말하는 것이다.

눈에 보이는 숫자도 중요하지만, 숫자로 알 수 없는 것이 더 중요하다

> 투자수익률을 판매(sales)나 구매전환(conversions, 온라인 사이트 방문이 실제 구매로 연결되는 것 – 역주) 대신 기쁨으로 측정한다면 아마도 마케터들은 더욱 창의적이고 대담해질 것이다.
> _ 레인 셰익스피어(Lain Shakespeare), 메일침프(MailChimp, 이메일 마케팅 플랫폼)의
> 비영리 브랜드 매니저

페이스북의 '좋아요' 개수나 트위터의 팔로워 수를 세기는 쉽다. 매일 2만 명 가까운 인파가 지나가는 거리에 옥외 광고게시판을 설치하면 그 숫자에 합당한 투자수익률을 예측할 수 있다. 숫자는 우리를 안심하게 해주고, 더 이상 왈가왈부할 필요가 없도록 입을 닫게 해준다. 숫자는 확실하고, 또한 설득력을 갖고 있다. 만일 우리의 비즈니스를 전부 숫자로 바꿀 수만 있다면 말이다.

하지만 구글 두들(Google Doodle, 구글 홈페이지 로고 디자인 — 역주)의 투자수익률은 얼마인가?

고객이 의류취급표시 라벨에 새겨진 재미있는 카피 문구를 보고 웃는다면, 그 경험은 얼마만큼의 가치를 지니는가?

고객의 불만이 해결되었을 때 그들이 느끼는 기쁨의 가치를 숫자로 바꾼다면?

시기적절한 공감대가 상대에게 미치는 영향을 수치화한다면?

영향력, 연결, 고객 충성도, 애정 등은 측정이 어렵기 때문에 기존 비즈니스는 이 개념들을 일단 옆으로 치워두었다. 하지만 언제까지 옆에 두고 모른 척할 수는 없다.

숫자로 바꿀 수 없는 것들은 숫자로 바꿀 수 있는 것보다 우리 비즈니스에 훨씬 더 중요하다.

관련성(relevance)은 새로운 리마커블이다

낯선 사람이 나의 삶으로 불쑥 끼어들면 짜증을 내는 사람들이 급속도로 늘고 있다. 사업체와 광고 회사도 고객의 인내심이 바닥나고 있다는 것을 알고 있다. 호주 사람들은 원치 않는 외판원이 집 앞까지 쫓아와 일상을 방해하지 않도록 현관문에 '노크하지 마시오' 스티커를 붙이기도 한다. 당신이 사는 곳은 어떤가?

우리는 종종 사람들에게 '이건 당신에게 중요한 일이에요.' 하고 말문을 열면서 제품 홍보를 시작하지만 사실 그건 사람들이 알아서 결정할 일이지 우리가 결정할 건 아니다. 물론 TV와 인터넷, 모바일 기기들이 오랫동안 사람들의 시선을 붙잡아 둔 것은 사실이다. 그래서 우리는 종종 이들을 대체할 새로운 홍보 수단이 무엇인지 탐색하기도 한다. 그러나 현재 벌어지고 있는 상황을 보면 홍보 수단의 대체가 능사는 아니다. 새로운 모바일, 새로운 인터넷을 찾는 게 아니라 그 너머의 방법으로 순간이동을 감행해야 한다. 사람들은 더 이상 방해받는 걸 견디지 못한다. '광고지를 더 많이 찍자'라든가 '매스컴에 광고를 한 번 더 하자'는 식의 제안은 좋은 대안이 아니다. 그렇게 의미나 맥락을 무시할 바에는 차라리 휘파람이나 부는 게 낫다.

고객이 관심을 기울이고 그들이 화제에 올릴 만한 뭔가를 창출하는 일, 또는 지속 가능한 고객 관계를 구축하는 일에는 지름길이 없다. 모든 개개인에게 다가서는 데에는 쉬운 길이 없다. 하지만 블로그에 도움이 될 만한 콘텐츠를 창출하거나, 충성고객들을 특별하게 대우하여 이들이 스스로를 더 가치 있다고 느끼게 하는 방법이 있다. 당신의 이야기를 듣고 싶어 하는 사람들과 교류할 수 있는 참 좋은 방식이다.

대중을 향해 손을 흔들어서 시선을 잡으려고 하지 말라. 당신의 브랜드를 중요하게 여기는 사람들을 위해 뭔가를 만들어라. 관련성 (relevance)은 새로운 리마커블(remarkable. 세스 고딘의 『보랏빛 소가 온다』에 나오는 말로 '얘기할 만한 가치가 있는, 주목할 만한 가치가 있는' 제품이나 서비스를 말한다. — 역주)이다.

🔓 인스타그램에 답이 있다

여기 도저히 부정할 수 없는, 즐거운 사실 하나가 있다.

2013년 9월 중순 어느 날 아침, 사진 공유 사이트인 인스타그램 검색창에 '#me'를 입력했더니 결과물이 1억 2,300만 개가 훌쩍 넘었다 ('#' 뒤에 특정 단어를 입력하여 검색하면 회원들이 올린 데이터를 찾아서 보여준다. — 역주). 8시간쯤 지나자 46만 6천 개 이상이 추가되었다. '#me'라는 해시태그를 단 사진이 하루에 50만 개 정도 오른다고 치면, 매 시간당 2만 6천 개가 업로드되는 셈이다. 두 달 뒤 검색결과는 총 1억 6,600만 개에 육박했다. 당신이 이 글을 읽고 있는 지금, 과연 몇 개까지 늘었을지 궁금하다. '나'에 대한 관심은 갈수록 늘고 있다.

이제 잠재고객의 가치관을 고려하지 않고는, 또한 그들의 관심사가 무엇인지 파악하지 않고서는, 무언가를 만들거나 팔기가 불가능해졌다. 점차 잠재고객들의 관심사는 나의 선택, 나의 소비, 나의 구매, 나의 공유, 또는 나와 관련된 이야기로 바뀌고 있다.

그렇다. 자기가 먹고 있는 카레 속 닭고기가 도축되기 전에 너른 마당을 건강하게 뛰어다니며 신나게 살았는지 혹은 좁디좁은 닭장 안에서 고통받으며 사육되었는지 신경 쓰는 사람들이 엄청 많다. 의류 브랜드 파타고니아는 자신들이 틀리지 않았다는 사실을 매출을 통해 확인했는데 이에 따르면 사람들은 한 번 입고 버리는 옷을 원치 않았다. 어떤 이들은 오래가는 제품, 그리고 환경오염을 최소화한 제품에 기꺼이 더 많은 돈을 지불한다.

사람들은 어떤 제품에 대해서 신나게 이야기를 할 때가 있지만 잘 들어보면 화제에 올린 그 이야기의 핵심은 특정 회사의 제품이 아니다. 그들이 관심을 기울이는 것은 '나'의 여행, '나'의 스토리, '나'의 일상 안에서 스스로 만들어가고 싶은 어떤 의미다. 사람들은 의미 있는 '나'가 되고 싶어 한다.

디퍼런스를 창출하는 비결은 무엇일까? 사람들이 느끼는 방식을 바꾸고, 그들이 구매하는 제품이 아니라 그들 자신을 좀 더 사랑하게 해주는 무언가를 만드는 것이다.

3장

그럼 이제
어떻게 할까?

시력보조
기구인 안경을 패션 아이템으로
탈바꿈시킨 **워비파커**와 여행숙소 호텔의
관념을 에어비앤비와
산산이 파괴하는
고객 중심의 쉬운 개인뱅킹 서비스를 만든
심플닷컴과 **우버**
전 세계 명예어매추어 선수
발칵 뒤집은 **무닷컴**
오스트랄라시아메디컬
저녁과 씨긴 **바리**
고쳐 **쓰는** 문화로
기 위해 탄생한 **수그루**닷컴
남성들의
면도 습관에 주목한
달러쉐이브클럽과
메디컬
직접
재배하는 **리틀베지패치** **심리닷쾬**
서비스를 시작한
물 부족 문제 해결을 **채리티워터**
글루텐프리 시장을 넘보는 **바이더웨이베이커리**까지

🛍 일상적인 풍경으로 시선을 돌려라

한번은 포춘지가 선정한 상위 500대 기업 임원들과 대화를 나눈 적이 있다. 그들에 따르면, 그와 그의 팀원들은 고객이 중요하게 여길 만한 제품과 스토리를 만들기 위해 여러 가지 방법을 탐색하고 있었다. 그런데 그들이 입을 모아 말하길, 포커스 그룹은 스토리의 핵심에 이르는 데 별 도움이 되지 못한다고 한다.

그들에게 공감한 점은 다음 두 가지다.

첫째, 포커스 그룹은 당신을 목적지까지 인도하지 못한다.

왜냐하면 그들의 역할이 제한되어 있기 때문이다. 그들은 자신의 느낌을 명확히 표현하는 방법을 찾느라 바쁘다. 고객에 대한 이해와 공감이 요구되는 상황에서도, 포커스 그룹은 '당신이 붉은색 디자인을 선호하는 이유는?', '그걸 선반 위에 놓으면 돋보이므로. 생기 있어 보여서 신선한 재료를 떠올리게 하므로'와 같은 논리적인 설명을 제시하는 데 그친다. 포커스 그룹은 더 완벽한 논리와 설명을 갖추도록 하는 데 도움이 될 수는 있다. 그러나 포커스 그룹에서 내놓는 설문지 답변은, 중요한 것을 창출하는 데에는 아무 도움이 되지 않는다.

우리는 종종 가장 가치 있는 데이터는 그래프와 스프레드시트에 있는 숫자라고 생각한다. 그러나 그래프에만 의존하게 되면 몸무게나 키와 같은 수치만으로 아이들의 성장을 체크하는 정부기관처럼 고객에 대해 일부는 알 수 있겠지만 그림 전체를 놓치게 된다. 정보 데이터를 분석하는 데 시간을 허비한 나머지 우리는 우리가 원하는 것이 '통찰'이었다는 점을 잊어버린 것 같다.

우리가 진짜 알고 싶어 하는 것과 가장 가치 있는 몇몇 데이터들은, 지금 우리 눈앞에 펼쳐져 있는 일상적인 풍경 안에 살아 있다. 식사를 하다 미간을 찌푸리는 어떤 이의 얼굴이나 지루하게 줄을 서서 한숨을 쉬는 고객의 표정에서 혹은 가게 문을 박차고 걸어 나가는 고객의 뒷모습이나 아침 출근 전 가방 안에 챙겨 넣는 물건 속에서 우리가 그토록 찾아 헤매던 것을 발견할 수 있다. 사람들이 하루를 시작하는 방식만 잘 살펴보아도 통찰을 얻을 수 있다는 말이다. 사람들이 자기 생각을 말로 표현할 때가 있다. 그러나 이보다는 사람들이 지금 하고 있는 행동을 살피는 게 종종 더 가치 있다.

둘째, 광고를 그만하라.

혹은 그만둘 생각이 아니라면 최소한 왜 당신이 광고를 집행하고 싶어 하는지 스스로에게 솔직해지기라도 하라. 광고를 해야 당신의 프랜차이즈가 유지될 것 같은 기분이 든다면 그것도 괜찮다. 하지만 한 가지만은 꼭 기억해야 한다. 광고에 돈을 퍼붓기보다는 마케팅적 시각을 도입하여 제품과 서비스를 만드는 게 훨씬 낫다는 사실 말이다. 광고를 하면 물건이 근사해 보이는 효과는 거둘 수 있을지 모른다. 하지만 사람들이 진짜 원하는 것은 보다 나은 삶이다. 당신의 제품과 서비스가 그들의 삶에 어떤 도움을 주는지 알고 있는가. 어떻게 해야 한 개라도 더 팔까 고민하기 전에 고객의 삶에 이바지하려면 내가 무엇을 해야 하는지 먼저 알아야 한다.

마케터가 잊고 있던 P

지난 50년 동안 마케팅 믹스의 4P는 우리에게 판매 지침을 제공했다. 정말로 간단한 지침이다. 제품을 얼마에 팔 것인지 결정하고, 사람들이 제품을 어떻게 받아들일지 예측하고, 제품을 어떻게 알릴 것인지 다양한 방식을 탐색하면 된다.

기존 마케팅 믹스에 푹 빠져 있던 사람들은 잊고 있었지만, 오늘날 모든 비즈니스가 결코 간과할 수 없는 P가 있다. 사람(people)이다. 지금까지 우리는 지갑에서 돈을 꺼내고, 꺼낸 돈을 카운터 위에 올리면서 충성스런 고객으로 살아왔다. 그런데 '우리'는 어떤 취급을 받았는가? 고객이 주머니에서 돈을 끄집어내게 만드는 것, 분명 마케팅 믹스의 일부다. 그 덕분에 우리는 동일한 성격의 집단 구성원이나 예상고객, 혹은 소비자나 타깃, 트래픽으로 다루어졌다. 우리는 단 한 번도

'인간'으로 여겨진 적이 없다.

우리는 거대 기업의 무시무시한 활동에서 뚝 떨어진 채 마치 좀비처럼 생각도 감정도 없이 매장을 오고가는 수많은 소비자 가운데 하나로 다루어졌다.

그러나 오늘날 우리는 브랜드를 구분하고, 특정 브랜드에 관심을 기울이고, 그래서 갖고 싶어 하고, 나아가 선택할 수 있는 위치에 서게 되었다. 수동적인 소비자나 타깃이 아니라 비즈니스에 강력한 영향력을 행사하는 사람들이 되었다.

기업가들도 그렇게 생각한다. 왜냐고? 우리가 실제로 비즈니스를 좌우하고 있다는 것을 이제 모든 기업가가 알아차렸기 때문이다.

🛒 인구통계학 vs 세계관

고객의 가치, 태도, 행동을 이해하는 관점이 변했다. 소비행동심리학자 로스 허니윌(Ross Honeywill)은 '경제를 움직이고 사회를 새롭게 그려나가는 고학력·고소득·고소비층이 성장했다'고 언급하며, 이들을 네오(NEO, New Economic Order, 신경제질서의 세력층)라고 불렀다. 전통 엘리트층과 대비되는 이들은 '급진적인 사회적, 정치적 태도를 가지며… 어느 누구보다도 소득이 높고 소비를 많이 하며, 디지털 전문직에 종사하며… 타고난 지도자이자 자기 생각대로 움직이는 사람들이며, 우리가 사는 이 세상을 새로운 눈으로 바라보며, 비즈니스가 이 세상에 참여할 수 있는 규칙을 적극적으로 재정립한다.' 이 그룹의 다수는 자유재량처분소득(가처분소득에서 기본 생활비를 뺀 금액 — 역주)이 있는 사람의 상위 1/3에 속한다.

이 특정 집단의 세계관을 이해하는 게 여기서 왜 도움이 되는 걸까? 허니월이 쓴 『한 명을 위한 1억 1300만 개의 시장(One Hundred Thirteen Million Markets of One)』에 따르면, '…소비를 촉진하는 인구통계나 수입 등 단일요소를 파악하기보다는 사회 내 두 개의 주요 집단이 유지해온 뚜렷한 가치, 태도, 행동의 조합들을 이해할 때, 소비자의 행동을 광범위하게 예측할 수 있다.' 달리 말하면, 인구통계의 프로파일(신문이나 잡지의 독자, 방송시청자, 소비자 등의 인구학적 또는 심리학적 속성. 독자나 시청자의 구성분포를 말하기도 한다. — 역주)에 의존하는 사람은 더 이상 세계관에 초점을 둔 사람들을 앞서가지 못한다. 피상적인 숫자에 집착하지 말고 가치와 같은 추상적인 영역으로 더 깊게 파고들어가야 한다.

고객의 나이, 성별, 주소만 갖고 고객에 대한 모든 것들을 추측할 수 있다고 여겨서는 안 된다. 디지털 세계에서는 기회와 선택의 폭이 점차 증가하고 있다. 사람들은 더 이상 지역, 연령, 성별의 제약을 받지 않으며, 또한 나이나 성별, 주소 따위의 한정된 틀 안으로 자신을 구겨 넣지도 않을 것이다.

당신이 서비스를 제공하고자 하는 사람들에 대하여 총체적인 관점에서 생각하는 일이 훨씬 더 유익하다. 덧붙여 사람들의 불만과 니즈를 고려한다면, 사람들이 가치를 두는 것이 무엇인지 또 그들이 어떻게 생각하고 어떻게 느끼는지 이해할 필요가 있다. 고객들은 훌륭한 디자인에 끌려 구매충동을 느끼는가 아니면 제품의 기능에만 관심을 기울이는가? 그들은 편안함 그 이상의 편의를 가치 있게 보는가?

아마 그들은 물건에 지불하는 가격보다는 자기가 세상에 미칠 영향력에 관심이 더 클 것이다.

고객들이 원하는 것, 필요로 하는 것, 표현하지 않은 욕구에 대한 이해를 바탕으로 제품과 서비스를 만들어 어떻게 출시할 것인지 지금 이 순간 고민하는 기업이 미래의 성공을 움켜쥘 것이다.

🔓 요즘 어때?

31살 먹은 내 동생 조니(Johnny)는 단 한 번도 내게 '안녕?'이나 '잘 지냈어?'라는 인사말을 건넨 적이 없다. 녀석이 안부차 건네는 말은 오직 하나다.

"요즘 어때?(What's the story?)"

아일랜드 사람이라면 누구나 이렇게 인사를 한다. 이 말에는 많은 의미가 담겨 있다. '안녕? 무슨 일이야? 무슨 일 있었어? 잘 지냈어?' 등등. 나는 이 표현이 아일랜드의 'aon scéal'에서 유래했다고 생각한다. 'aon scéal'은 말 그대로 '무슨 얘깃거리라도?' 또는 '할 만한 얘기 있어?'를 뜻한다.

나는 이 표현을 사랑한다. 흔한 인사말들과 달리 이토록 정해진 답을 요구하지 않는 질문이 있을까 싶다. '안녕?'은 대화를 완전히 멈춰버린다. '잘 지냈어?'는 '응'이나 '아니' 같은 한마디로 답변이 가능하다. 하지만 '요즘 어때?'는 '지금 너한테 벌어진 중요한 일을 다 말해줘'라는 뜻인데 이건 인사를 받은 사람에게 무한한 가능성을 열어준다. 사람들은 이처럼 대화의 포인트가 자신에게 맞춰진 질문을 더 환영한다. 사람들은 자신이 무시당하고 있고, 성공한 1%의 반대편인 99퍼센트에 속하고, 회사의 룰에 제약받고, 이용되고, 착취당하고, 동일시되고,

속고, 통제되고, 기억 저편으로 깡그리 잊히는 상황에 염증을 느낀다. 그들은 특별한 것의 일부가 되길 원하고, 말할 만한 스토리를 갖기 원하며, 믿고 따를 만한 무언가를 갈구한다. 그들은 남이 나를 이해해주길 바라며, 나의 소망과 필요와 표현하지 못한 숨은 욕구까지도 파악하여 이를 바탕으로 제품을 만들어주는 사람과 거래하기를 원한다(아니, 원한다가 아니라 우리가 그렇게 해주기를 '요구'하고 있다.). 그리고 이 사람들이 바라는 것을 제공하는 일이 바로 우리, 당신과 나의 임무다. 지갑을 열게 하려면 어떻게 해야 하는지 알고 싶은가. 정답이 궁금하다면 일단 지갑이니 매출이니 하는 생각부터 그만두자. '요즘 어때?'라는 질문에 대하여 그들이 말로 표현하지 못하는 내면의 목소리를 들어야할 때다.

 동상이몽

두바이발 항공기가 장거리 비행 끝에 목적지에 도착하자(예정보다 두 시간 연착했다.), 사람들은 짐을 든 채 서로 먼저 내리려고 밀쳐대기 시작했다. 아직 가능하다면 환승 비행기에 타야 하는 사람들이 앞서서 내렸다. 남은 사람들은 시간이 너무 늦은 바람에 공항 호텔에서 하룻밤을 보내야 할 형편이었다.

그때 두 줄 뒤에 서 있던 한 여성이 틈을 비집고 나가기 시작했다.

"길 좀 터주세요."

그녀가 말했다. 듣자 하니 딸과 손녀가 앞에서 기다리고 있는 것 같았다. 그러자 뒤쪽에서 고함이 터졌다.

"우린 안 바쁜가!"

탑승객 각자에게는 모두 급한 사정이 있었다. 그 때문에 앞사람 뒤통수만 쳐다보며 기다리기는 힘들었던 것이다.

기업 오너나 마케터라면 위의 탑승객들을 동일한 문제 안에 갇힌 똑같은 사람들로 봐서는 절대 안 된다. 각자가 처한 심리적 상황에 따라 승객을 분리하여 바라볼 때 비즈니스를 진척시킬 수 있는 중요한 교훈을 얻게 된다. 만약 우리가 관심을 기울이는 그 사람에게 전혀 관련 없는 엉뚱한 서비스를 제공하여 외면당하지 않으려면 우리는 여기 한 곳에 모인 이 사람들이 실은 각자의 진실을 갖고 있으며, 그게 무엇인지 잘 알아야 한다는 점을 깨달을 필요가 있다.

미래를 지배하는 흐름

　기존의 광고가 종말을 고하는 포스트 광고 시대가 되자 많은 기업가들도 이에 발맞춰 비즈니스나 스토리텔링의 미래가 아닌 '사람들의 스토리가 앞으로 어떻게 달라질지 고민하기 시작했다. 기존의 비즈니스들은 산업화 시대에 탄생하여, 드라마 「매드 멘(Mad Men)」이 풍미하던 세상에서 번창했다. 그런데 이 구식 기업들은 새로운 시대를 맞아 도대체 어떤 새로운 방법으로 자신을 알리고 자신의 이야기에 귀를 기울이도록 만들어야 할까? 사람들이 인터넷에서 요구하는 게 수많은 사람들이 접속할 수 있는 드넓은 공간이라면 디지털 기업가는 이럴 때 어떤 방법으로 한 사람 한 사람과의 친밀감을 만들어내야 할까? 기대치가 시시각각 변하고, 사람들이 손바닥 뒤집듯 행동양식을 바꾸는 세상에서, 어느 누가 '이 제품은 당신의 삶과 관련이 깊어요.' 하고 말할 수 있을까? 입을 열기도 전에 삶이 바뀌어버린다면 말이다. 그럼에도 불구하고 사람들은 마케팅 예산을 가장 많이 책정한 기업이 아니라 '이곳은 꼭 성공했으면 좋겠다'는 생각이 드는 기업을 위해 기꺼이 지갑을 연다는 사실을 우리 기업들은 모두 알고 있다.

　당신은 미래가 어떻게 바뀔 것으로 예상하는가? 사람들을 더 많이 연결하는 동시에 서로의 관련성이 점점 줄고 있다고 느끼도록 만드는 기술, 즉 IT나 가상공간과 같은 영역에서 변화가 따를 것으로 예상하고 있을 것이다. 또한 사람들이 교류하는 플랫폼에도 변화가 일어날 것이고, 그에 따라 전술을 바꾸어야 한다고 생각하고 있을지 모른다.

어쩌면 당신은 종이가 사라진 끔찍한 세계, 즉 인쇄광고와 기존 광고가 영향력을 잃고 사라진 미래의 어떤 세상을 떠올리며 두려워할지도 모른다. 우리가 던졌던 메시지와 스토리들이 의미를 잃고 수명이 다할지도 모른다는 불안감에 떨면서 그저 이 사업이 유지만 되면 좋겠다고 여기며 걱정에 휩싸일지도 모른다. 도대체 답은 어디에 있는 것일까?

당신이 최악의 시나리오를 피하기 위해 탈출구를 찾아 미래를 헤매는 동안, 나는 그 답이 과거와 현재에 있다고 말하고 싶다. 어디에? 지금 우리 눈에 비친 개개인의 모습, 그리고 거울에 비친 우리 자신의 모습에 말이다.

종이, 잉크 따위는 잊자. 수단은 중요한 게 아니다. 우리는 오직 '단어'만 가졌다. 우리가 주목한 단어들과 스토리들이 우리 자신에게 무의미하다면 사람들 역시 우리의 스토리를 외면한다. 우리는 이야기를 듣기 위해 모닥불 앞에 모였고, 식탁에 둘러앉아 대화를 나누며 차를 마시거나, 엄마 무릎에 책이 놓인 걸 보고 편안함을 느낀다. 표현 도구가 무엇인지는 중요치 않다. 스토리를 통해 유대관계를 맺고, 체온을 나누고, 그리고 신뢰를 느낀다는 게 중요하다. 우리는 문득 디지털 세계에서 이런 아날로그적인 것을 어떻게 다시 창출해야 할지 방향감각을 잃었다고 여긴 나머지 진실이라는 큰 그림을 버리고 사소한 것에 집착한다. 도구는 변해도 본질은 변치 않는다.

우리를 둘러싼 이 세계를 보자. 친밀감을 느낄 만한 오프라인 공간은 줄어들고, 영향력을 미칠 만한 온라인 공간은 확장되었다. 당신의 옆집에 누가 사는지 과연 얼마나 많은 사람들이 알고 있을까? 그럼에도 불구하고 페이스북에는 500명의 '친구'가 있지 않은가? 물론 이런 환경의 변화 때문에 사람을 직접 대면하거나 우리가 믿을 만한 사람이라는 것을 사람들에게 알리기는 점점 더 어려워진다. 그럼에도 불구하고 우리는 방법을 찾아야 한다. 이건 단순히 돈을 벌고 안 벌고의 문제가 아니다. 우리 자신의 생존 문제가 걸린 일이다. 만일 우리가 각각의 사람들에게 그들이 중요하다고 여기는 일을 알맞게 고리 지어 연결시켜주지 못하면 '우리' 자신이 이 사회에서 생존하지 못하게 된다.

과거에 통용되었던 것이 미래에도 통용된다고 나는 믿는다. 시대를 막론하고 통용되는 그 무엇은, 사람들의 유대관계를 의도적으로 더 깊게 만드는 일과 연관이 있다. 구글 글래스(Google Glass)나 또는 웨어러블 컴퓨터, 혹은 모든 종류의 디지털 스토리텔링 및 소통 창구들이 미래를 지배하는 거대 흐름이 될 것이라고 예측하기 전에, 우리가 어디에서 왔으며, 왜 여기에 있는지 먼저 깨달아야 한다.

미래는 우리가 생각하는 것만큼 예측불가능하거나 복잡하지는 않을 것 같다.

❤️🛒 디퍼런스 모델(Difference Model)

포춘지가 선정한 500대 기업을 비롯하여 카페에 앉아 있다가 밖으로 걸어 나오는 나 홀로 사업가까지 많은 비즈니스가 출발점을 잘못 잡고 있다. 사람들이 이 제품과 서비스를 왜 찾는지 알려고 하지 않은 채, 기존의 제품 개발 모델에 의존하여 기획, 제작, 판매에 돌입한다. 그래 놓고 이렇게 묻는다.

'이 아이디어를 어떻게 팔지?'

입 모양은 다 달라도 나오는 말은 한 치의 오차도 없이 똑같다. 우리는 잘못된 지점에서 잘못된 질문을 갖고 출발하고 있다는 사실을 분명히 깨달아야 한다.

디퍼런스 모델은 기존의 제품 개발 과정을 완전히 뒤집는다. 아이디어를 갖고 출발하는 대신, 사람들의 일상을 조사하는 데서 출발하여, 그들의 문제와 욕구가 해결되거나 충돌을 일으키는 이 세상에서 우리가 할 수 있는 건 무엇인지 탐색한다. 앞서 언급했던 것처럼 디퍼런스는 진실(truth), 기회(opportunity), 행동(action)이 교차하는 지점에서 생긴다. 무엇보다 사람들과 공감하지 못하면 성공적인 비즈니스를 구축할 수도 없고, 훌륭한 아이디어가 구현되도록 뒷받침할 수도 없으며 나아가 디퍼런스를 창출할 수도 없다. 산업화 시기의 구형 모델을 활용하여 제품을 개발했다면 그것은 '팔기 위한' 목적으로 제작된 것이다. 그러나 디퍼런스 모델은 '사람들에게 중요한 것이 되도록' 제품을 만든다.

세계에서 가장 혁신적인 기업 중 하나인 아이데오(IDEO)의 공동 창업주는 『창조적 자신감』이라는 저서를 통해 비즈니스 혁신에서 '공감'이 얼마나 중요한지 설명한다.

공감과 인간 중심(human-centeredness)이라는 개념은 아직 기업들 사이에서 널리 실행되지 않고 있다. 비즈니스에 몸담고 있는 사람들은 본인 스스로 자사 웹사이트를 잘 찾지도 않는다. 나아가 실제 환경에서 사람들이 회사 제품들을 어떻게 사용하는지 관찰하지도 않는다. "비즈니스에 몸담고 있는 사람"이라는 표현을 가만히 들여다보면 "공감"이라는 단어와 잘 어울리지 않는다. 창의와 혁신의 관점에서 공감이란 무슨 뜻일까? 우리에게 공감이란 타인의 눈을 통해 그가 했던 경험을 볼 줄 아는 능력이자, 사람들이 그러한 행동을 하는 이유를 파악할 수 있는 능력이다. …… 공감하는 능력을 얻기 위해서는 시간과 돈이 필요할 수도 있다. 그러나 새로운 통찰력을 얻을 때까지 당신의 고객들을 가만히 관찰하는 것만큼 좋은 일은 없다. 우리는 사람들이 진짜 필요로 하는 것이 무엇인지 이해하면 가장 의미 있는 혁신이 뒤따를 것이라는 점을 알고 있다. 달리 말하면, 공감은 당신의 아이디어와 접근법을 부각시켜줄 더 나은, 때로는 놀라운 통찰력으로 나아가도록 만드는 하나의 관문이다.

– 데이비드 켈리(David Kelley), 톰 켈리(Tom Kelley), 『창조적 자신감』

대중을 겨냥하여 물건을 판매하기 위해 고안된 마케팅 믹스의 4P(제품, 가격, 유통, 판매 촉진)가 도입된 지 50년이 넘었다. 우리는 비즈니스, 아이디어, 제품, 서비스를 알리기 위한 방법상의 스토리만 다루는 것이 아니다. 사람들이 무엇을 원하는지 이해하기 위해, 기회를 포착하기 위해, 아이디어를 시장에 내놓기 위해, 사업에 착수하기 위해 새로운 틀을 창조해야 한다. 이 틀은 세상을 살아가는 데 필요한 물건들을 만들어내는 도구이다. 나는 이 틀을 '디퍼런스 모델'이라고 부른다. 이 틀은 모든 비즈니스 아이디어를 구축하는 데 하나의 토대가 된다. 디퍼런스 모델은 6가지 핵심요소인 원칙(principles), 목적(purpose), 사람(people), 개인(personal), 인식(perception), 제품(product)으로 구성된다.

4장

디퍼런스
모델 & 맵

시력보조
기구인 안경을 패션 아이템으로
탈바꿈시킨 **워비파커** (여행숙소 호텔)의
고정관념을 **에어비앤비**
산산이 파괴한
고객 중심의 참 쉬운 개인뱅킹서비스를 만든
심플닷컴
전 세계 **에어비앤비** **우버**
발칵 뒤집은 **무닷컴**
오스트랄라시아메디컬
저녁과 셋 고쳐 **내린** 문화로 비부연계
고쳐 **쓰는** 문화로 비부연계
기 위해 탄생한 **수그룹** **물닷컴**
남성들의 면도 습관에 주목한
달러쉐이브클럽 와
메디컬 환영과 단명에 **관심** 사람들을 통해 먹거리를
직접 지속가능 형에 주목한
재배하는 **심리닷코**
서비스를 시작한
리틀베지패치 **심리닷코**
물 부족 문제 해결 **채리티워터** **닷코**
글루텐프리 시장을 넘보는 **바이더웨이베이커리** 까지

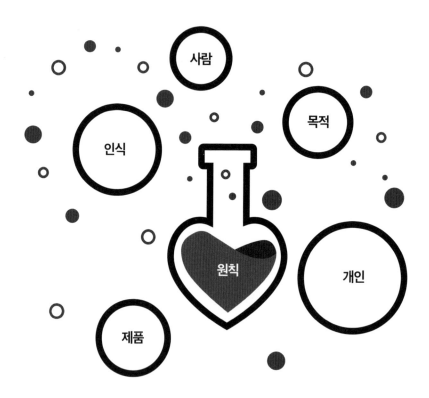

🔓 원칙(Principles)

새로운 무언가를 만들고 싶다면 '이해'에서 출발하라. 이미 존재하는 것이 무엇인지 이해하고, 존재하지 않는 것 안에 숨은 기회가 무엇인지도 이해하라. 무엇보다도 이 모든 것들이 서로 어떻게 어울릴 수 있는지 이해해야 한다.

_ 세스 고딘

우리 자신, 업계/시장, 그리고 우리가 서비스를 제공하길 바라는 사람들… 이들을 둘러싼 진실은 무엇인가?

원칙이란 근본이 되는 세 가지 진실(truth)을 말한다. 이 세 가지 진실이 비즈니스의 초석을 이루며, 우리의 항로를 비추는 등대 역할을 한다. 벤처사업가가 되었든 소규모 프로젝트가 되었든, 모든 조직들은 원칙을 갖고 움직인다. 가끔은 원칙을 따로 탐색하거나 제대로 표현하지 못할 때도 있지만 그래도 원칙은 존재한다. 무슨 일에 착수하든 우리는 이 원칙이 무엇인지, 어디에 있는지, 나아가 이 원칙이 왜 필요한지 이해하고 있다는 말이다. 우리는 자원을 얼마나 투입할 수 있는지, 우리의 한계가 무엇인지, 즉 우리가 착수한 업무 안에 정해진 한도가 있다는 사실을 알고 있다. 물론 이런 사실을 부정하고 싶겠지만 실은 이게 바로 진실이다. 아울러 우리가 서비스를 제공하고자 하는 사람들에게 반향을 불러일으킬 만한 스토리를 창출하기 위해 노력한다면, 원칙을 간과해서는 안 된다.

원칙은 세 가지 범주로 나뉜다. 하나는 당신에 관한 진실, 다른 하나는 업계나 시장에 관한 진실, 마지막은 우리가 영향을 주고자 하는 사람들, 즉 고객에 관한 진실이다.

■ 당신에 관한 진실 ■

'당신'이라는 말 안에는 당신 자신을 비롯하여 함께 일하는 사람들과, 당신이 대표하는 조직이 포함된다. 이 비즈니스를 구축하고 있는 사람들이 생각하고 믿는 것은 무엇인가(조직 구성원이 당신 혼자라면 답할 필요가 없는 질문이다.)? 조직의 목표는 무엇인가? 조직의 큰 꿈은 무엇인가? 조직의 자산과 부채는 얼마나 되는가? 조직의 강점과 약점은 무엇인가? 이렇게 밝혀진 진실들은 당신이 만들 스토리에 영향을 미친다. 스티브 잡스와 스티브 워즈니악(Steve Wozniak)이 애플사를 창립했을 때, 이 둘은 각기 다른 강점을 지녔다. 잡스의 강점은 창의적으로 큰 그림을 그려내는 능력이었다. 워즈니악은 디테일에 강했다. 에어비앤비의 창업주들은 창립 당시만 해도 자본이 거의 없었지만 창조적 비전을 갖고 있었고 이를 구현할 디자인 능력과 기술력을 갖추었다. 당신에 관한 진실 전반을 이해하고 있다는 말은 당신이 강점을 발휘하고, 약점을 극복할 만한 전략을 갖췄다는 사실을 의미한다.

■ 업계/시장에 관한 진실 ■

당신이 종사하는 업계와 시장의 상황은 어떠한가? 또는 당신이 진입하려거나 변화를 일으키고자 하는 업계 및 시장의 상황은 어떠한가? 아이폰은 기존의 휴대폰들이 기능 위주로 제작되었다는 진실에 토대를 두고 개발되었다. 스티브 잡스는 사람들이 한눈에 반할 만한 최초의 휴대폰을 만들고 싶었고, 이를 엔지니어에게 주문했다. 애플의 초대 프로덕트 매니저(product manager)인 밥 보처스(Bob Borchers)는 이렇게 말했다. "잡스는 사람들이 지갑은 잊어도 아이폰은 꼭 챙기고 외출할 정도로 일상에서 매우 중요하고 통합적인 기능을 담은 제품이 되기를 바랐다. 그게 아이디어의 출발점이었다." 달러쉐이브클럽(Dollar Shave Club)은 남자들이 불필요한 기능이 포함된 면도기를 비싼 돈을 주고 사야 한다는 점에 불만을 품고 있다는 진실에서 출발했다.

명함 제작 사이트인 무닷컴(MOO.com) 창립자들은 2004년에도 인쇄업은 여전히 규모가 큰 사업임을 알고 있었다. 이들은 온라인 인쇄 전문 회사들이 인쇄비용을 절감하는 제작기술을 갖고 있으며, 비용을 더 낮추기 위해 제품의 질을 희생한다는 진실을 알아냈다. 무닷컴은 가격 대비 디자인 품질이 뛰어난 명함을 선호하는 사람들이 있을 거라고 판단했다. 그래서 가격을 낮추는 대신 디자인 품질을 높이는 동시에, 온라인 시장의 편의와 남다른 고객 서비스를 함께 제공했다. 이후 1천억 달러 규모의 기존 시장은 지각 변동을 일으켰다.

업계에 관한 진실은 당신이 스토리를 창출하는 데 초석을 제공한다.

당신이 해결하고 싶은 문제와, 충족시키고자 하는 고객의 니즈가 무엇인지 알려주기 때문이다.

■ 우리가 서비스를 제공하고자 하는 사람들에 관한 진실 ■

당신의 잠재고객이 감수하며 살고 있는 현실의 벽은 무엇인가? 그들은 무엇을 믿는가? 이러한 믿음이 잠재고객의 현재 행동 방식과 어떤 연관이 있는가? 나아가 그들의 미래를 바꿀 수 있는 방식에 어떤 영향을 끼치고 있는가? 잠재고객 앞에 놓인 문제, 즉 당신이 해결하려고 하는 그 문제는 무엇인가? 그들의 니즈는 무엇인가? 이들이 표현하지 않은 욕구(desire)는 무엇인가? 오늘날 그 어떤 비즈니스에서도 고객의 세계관과 이들이 감수하며 살고 있는 현실의 문제가 무엇인지 이해하는 것보다 중요한 일은 없다. 고객이 처한 현실세계의 문제를 어떻게 풀 것인지 이해한 후에야 비로소 성공한 제품과 서비스와 아이디어가 창출된다. 스팽스의 창업주 사라 블레이클리(Sara Blakely)는 여성들이 옷을 갈아입을 때 감수하는 현실적인 문제가 무엇인지 이해했고, 이 덕분에 자수성가한 여성 가운데 최연소 억만장자가 되었다. 사라 블레이클리는 겉옷에 팬티 라인이 비치는 문제를 해결하기 위해 보정 속옷을 설계했는데, 이미 전부터 본인 스스로 같은 문제를 겪었던 적이 있고, 이를 해결한 경험이 있었다. 그녀는 여성들이 옷을 입을 때 예뻐 보이기를 원한다는 사실을 누구보다 잘 알고 있었다.

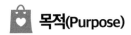 **목적(Purpose)**

> 50개의 최상위 브랜드들은 경기가 좋을 때도 나쁠 때도, P&G 전 CMO 짐
> 스텐젤(Jim Stengel)이 말한 이상(ideal)에 토대를 두고 기업 활동을 펼쳐나갔
> 다. 달리 말하면, 이 회사들은 더 큰 목적, 즉 자신들이 앞으로 달성해야 하는
> 임무를 갖고 있었다. 예를 들면 구글은 인터넷에 접속한 사람이라면 남녀노소
> 를 막론하고 그들의 호기심을 충족시키기 위해 존재한다. 가정용 세제 브랜드
> 메소드는 고객들의 집이 행복하고 건강해지기를 원한다.
>
> _ 버나뎃 지와, 『포춘 쿠키의 법칙』

우리가 존재하는 이유는 무엇인가?

당신의 비즈니스가 존재하는 이유는 무엇인가? 비즈니스의 목적
은 당신이 하는 일이 아니라 당신이 일하는 이유에 있다. 제품을 시장
에 출시하는 것만으로는 충분치 않다. '왜 하필 이 제품인지, 왜 지금
이어야 하는지' 자문할 필요가 있다. 그리고 당신이 이 세상에 던지려
고 하는 충격이 무엇인지 생각해보라. 제인 나이 덜차오인타이(Jane Ní
Dhulchaointigh)가 물건의 수리나 개조, 재창조에 쓸 수 있는 실리콘
고무 브랜드 수그루를 탄생시켰을 때, 그녀에게는 뚜렷한 목적이 있었
다. 즉 제인은 물건이 고장 나면 새로 사거나 불만을 갖기보다는 사람
들이 물건을 고치거나 개조하고 기능을 강화하여 물건을 더 오래 쓰
는 문화가 형성되길 바랐다. 그게 수그루의 존재 이유다.

 **사람(People)**

> 최근 세계 각국의 수많은 회사들은 단순히 제품을 만드는 데 그치지 않고 사용자를 구성하는 다양한 요소와, 제품을 사용하게 만드는 우선적 요인을 탐색하여 이를 디자인에 반영시키려고 애쓰고 있다.
>
> _ 얀 칩체이스, 『관찰의 힘』

이것은 정확히 누구를 위한 것인가?

당신이 서비스를 제공하고 싶은 사람은 누구인가? 그들은 무엇에 가치를 두고 있는가? 그들은 무엇에 관심을 기울이고 있는가? 그들이 처한 현실은 어떤가? 인구통계학적 관점에서만 생각하지 말라. 고객의 세계관이 어떠한지, 그리고 고객들이 어떤 가치관에 따라 하루하루를 살아가는지 생각하라.

'달러쉐이브클럽'은 당시 면도기 시장을 바라보는 남성 고객들의 시선을 이해하고 있었다. 남자들은 유명인이 홍보하고 다양한 기능이 포함된 사중 날의 티타늄 면도기를 구입하는 데 비싼 돈을 지불해야 하는 이유를 납득하지 못하고 있었다. 하지만 그들에게는 선택의 여지가 없었다. 아울러 달러쉐이브클럽의 창업자는 이들이 새 면도기를 깜빡 잊고 나와 종종 날이 무딘 면도기로 수염을 깎는다는 사실도 파악하고 있었다.

고객을 위해 제품과 서비스를 만들기에 앞서, 이를 통해 하고 싶은 게 무엇인지 그 의도를 분명히 해야 한다. 그럴 때만 이 혼잡한 시장에 또 하나의 면도기를 추가하는 기존의 방식에서 벗어나 디퍼런스를 창출할 수 있는 그 너머의 공간으로 순간이동을 할 수 있다.

 **개인(Personal)**

> 고객을 파티에 초대받은 손님이라고 생각하면 우리는 주인이 된다. 우리는 고객이 이곳에서 경험한 일 가운데 그들이 중요하게 여기는 것들을 매일 더 개선시켜야 한다.
>
> _ 제프 베조스(Jeff Bezos), 아마존 창업주 겸 CEO

사람들이 느끼는 방식들을 어떻게 바꿀 수 있을까?

어떻게 해야 사람들이 당신을 '나와 더 관련이 깊고 특별한 의미를 가진 사람'이라고 느낄까? 어떻게 해야 사람들이 당신의 비즈니스가 나의 삶을 더 낫게 만든다고 여길까? 어떻게 해야 사람들이 당신의 제품은 '뭔가 다르다'고 느낄까?

고객들은 자신이 산 물건의 브랜드를 보면서 그 물건 자체에 대한 느낌이 아니라 자기 자신에 대한 어떤 느낌을 갖는다. 이 느낌을 어떻게 바꿀 것인지가 관건이다. 캐주얼슈즈 브랜드 탐스(TOMS)는 1대 1 기부 행사, 즉 고객이 신발 한 켤레를 살 때마다 개발도상국 어린이에게 신발 한 켤레씩 기부하는 프로그램을 가동하여 고객들이 신발을 살 때 뿌듯함을 느낄 수 있도록 만들었다. 행사에 참여한 탐스 고객들은 신발을 신을 때마다 개도국의 어린이에게 같은 신발 한 켤레를 기부했다는 사실을 떠올리게 된다.

인식(Perception)

> 우리의 개인적인 믿음이 선택을 좌우하고, 삶의 형태를 만들고, 결국에는 미래를 결정짓는다. 믿음보다 더 중요한 것은 없다.
>
> _ 톰 어새커(Tom Asacker)

사람들은 무엇을 믿는가? 사람들이 우리 제품을 보면서 우리와 그들 자신에 대해 어떤 믿음을 갖기를 바라는가?

당신이 고객에게 제공하는 그 어떤 생각거리보다도 고객이 당신에 대해 갖고 있는 믿음이 훨씬 중요하다. 우리는 신조나 가치관을 중심으로 각각의 사람들과 연결된다. 가치관이 비슷한 사람끼리 서로 끌린다. 또한 우리의 신조나 가치관은 우리 자신과 더 긴밀하게 연결되도록 도와준다. 똑같은 행동이어도 '이건 나다운 행동이야' 하는 생각이 들 때 우리는 진짜 우리 자신이 된 것처럼 느낀다. 그러한 믿음이 우리의 행동을 이끈다. 믿음과 행동은 문화의 원천이다. 가장 성공한 브랜드와 비즈니스는 우리의 문화를 형성하고 발전시킨다. 성공한 비즈니스는 단지 많이 알려지는 데에서 그치지 않고, 스스로 형성한 믿음의 토대 위에 우뚝 서고 동시에 사람들의 믿음을 얻는다.

고객은 당신에 대해 어떤 점을 믿고 있는가?

고객이 브랜드에 대해 무엇을 믿게 하고 싶고, 무엇을 이야기했으면 좋겠는가?

그러한 믿음과 이야기를 끌어내기 위해 당신은 무엇을 해야 하는가?

고객이 스스로에 대해 믿고 싶어 하는 것은 무엇인가?

최근 5년간 번창한 거대 기업 가운데 상당수가 경쟁이 치열한 시장에 뛰어들어 성공을 일구었다. 그들은 고객이 무엇을 믿고 있는지 이해하고 있었다.

호주 멜버른의 리틀베지패치(The Little Veggie Patch Co.)는 좁은 생활공간에서도 사람들이 직접 먹거리를 재배할 수 있도록 돕는 일을 한다. 이 회사에서 제공하는 재배용 나무궤짝이 정원을 대신하는 셈이다. 리틀베지패치의 먹거리 재배 교육 프로그램은 연일 매진이었다. 이들은 사람들이 농작물을 계속 재배할 수 있도록 씨앗, 농업 관련 서적, 그리고 교육적이면서도 흥미로운 제품들을 판매한다. 창업주들은 텃밭에서 작물을 재배하면서 블로그를 운영했는데 자신이 섭취하는 음식물의 원산지에 관심이 많고 지구 환경에 책임감을 갖고 있는 젊은 이들과 여성들, 그리고 싱싱하고 건강한 먹거리를 찾는 사람들의 수가 점차 증가한다는 진실에 착안하여 비즈니스를 구축했다.

 **제품(Product)**

사람들이 원하는 것을 만들어라.

_ 폴 그레이엄(Paul Graham)

사람들이 진짜 원하는 것은 무엇인가? 여러분의 제품과 서비스가 고객을 위해 창출한 가치는 무엇인가?

고객의 인식, 니즈, 표현하지 않은 욕구를 충족시키는 제품과 서비스란 무엇인가? 고객의 마음을 움직이려면 여러분의 제품이나 서비스에 무엇이 필요한가?

틈새시장만 찾는다거나 마인드 셰어만 확보하려고 해서는 안 된다. 사람들의 일상이라는 퍼즐 판에서 빠져 있는 퍼즐 조각을 채워야 한다.

만일 일상의 공간을 채울 퍼즐 조각 전부를 다 갖고 있다면, 당신은 그 퍼즐 조각을 희망하는 사람에게 제품을 내놓을 준비가 된 셈이다.

우버(Uber) 앱은 승객이 비 내리는 거리에서 목이 터져라 '택시!'를 외치지 않고도 목적지까지 편하게 이동할 수 있도록 승객과 운전수를 연결해주는 모바일 콜택시 서비스다. 우버의 창업주들은 사람들이 갑

작스런 날씨 변화나 평상시 택시를 잡는 방식에 종종 불만을 품고 있다는 점에 착안했다. 공동 창업주들은, 스마트폰 버튼 하나로 택시를 잡고 싶어 하는 사람이라면 분명 1분 1초를 소중히 여길 뿐 아니라 편리한 서비스에 기꺼이 돈을 지불하는 사람들임을 알고 있었다. 우버 앱을 통해 사람들은 택시를 예약할 수 있고, 차가 도착하는 데 얼마나 걸리는지 확인할 수 있으며, 운전자가 현재 오고 있는 경로까지 추적할 수 있으며, 또한 현금이 없어도 요금을 결제할 수 있고, 영수증도 받을 수 있다. 이 모든 것이 스마트폰 하나로 이루어진다.

디퍼런스 맵(Difference Map) 만들기 : 10가지 사례

이제 디퍼런스 모델을 이용해 만든 10가지 비즈니스의 사례 연구를 소개할 차례다.

각각의 사례는 디퍼런스 모델이 실제로 어떻게 작동하는지 이해할 수 있도록 1장짜리 맵에 맞춰 구성된다.

여기서 언급하는 기업들은 디퍼런스를 창출한 대표 브랜드들이다. 나는 이들 몇몇 창업주들의 사례로부터 지식과 조언을 얻었고, 여러분 앞에 제시하려고 한다. 물론 여기서 제시하는 내용들은 나의 연구 작업과 고유한 지식을 토대로 기업들을 해석한 결과물이다. 이 사례 연구는 디퍼런스 맵을 활용하는 방법을 보여주기 위해 설계되었다. 물론 이 내용들은 해당 회사들이 제공한 실제 비즈니스 플랜은 아니다. 그럼에도 불구하고 직접 해보지 않고는 알기 어려운 이 스토리들을 내게 주었다는 점에서 그들에게 진심으로 감사한 마음을 전한다.

이 사례 연구에 대해 더 상세히 알고 싶거나, 디퍼런스 모델과 디퍼런스 맵을 활용한 또 다른 사례 연구를 알고 싶으면, 웹사이트 'www.difference.is'를 방문하기 바란다.

---

* 디퍼런스 맵은 저작권법에 따라 보호받고 있다. 저자 허락 없이 디퍼런스 맵을 다른 용도로 수정하거나 복제하거나 출판하거나 고쳐서 다시 만들 수 없다.

'www.difference.is'에 들어가면 디퍼런스 맵 사본을 다운받을 수 있다. 여러 장 인쇄하여 확대한 뒤에, 포스트잇 메모를 붙이고 그림을 그리고 낙서를 하면서 당신의 팀과 공유하기를 바란다.

오스트랄라시아 메디컬 저널
(AUSTRALASIAN MEDICAL JOURNAL)

오스트랄라시아(Australasia, 오스트레일리아와 뉴질랜드, 뉴기니 섬과 인근의 작은 섬을 아울러 일컫는 말 — 역주) 메디컬 저널은 접근이 자유로운 온라인 의학 학술지 사이트로 2007년 창간되었다. 이 사이트는 의학의 혁신과 논의에 초점을 맞춰서, 국제 사회의 신진 연구자들을 대상으로 정보를 제공한다. 거의 모든 학계가 그렇듯이 교수가 승진을 하려면 경력도 쌓고 학술지에 논문도 게재해야 한다. 물론 논문 심사는 까다롭다. 비윤리적인 연구와 허위 주장을 담은 논문을 막기 위해서다. 그러나 더 큰 문제가 있다. 기성 학술지들이 학계의 흐름을 좌우하는 주요논제를 지배하고 있다는 점이다. 또한 기성 학술지에 실을 수 있는 논문 수는 제한되어 있고, 투고된 논문 수는 늘 차고 넘친다. 따라서 기성 학술지에서 이미 인정받은 베테랑 연구자들에게는 기회의 문이 활짝 열려 있지만 신진 연구자들에게는 논문 하나 실리기가 하늘의 별 따기다. 제아무리 연구 업적이 훌륭해도 답이 없는 건 마찬가지다. 오스트랄라시아 메디컬 저널은 신진 연구자들이 목소리를 낼 수 있는 공간을 구축했으며, 학술논문 심사뿐 아니라 신진 연구자들에게 도움이 될 만한 몇 가지 업무를 병행한다. 연구자들에게 어떻게 해야 학술지에 논문을 실을 수 있는지 방법을 조언하고, 영어 구사를 어려워하는 연구자를 돕기 위해 글쓰기 지도 서비스를 제공한다. 재정 지원을 받기 어려운 개발도상국 연구자에게는 논문 게재 비용을 일절 받지 않는다.

---

* 'www.difference.is'에 접속하면 'case study'에서 오스트랄라시아 메디컬 저널의 맵 원본 (8.5x11)을 다운받을 수 있다.

1) 파일럿 스터디(pilot study) : 본격적으로 연구를 시작하기 전, 연구의 향방이나 결과 등을 예측하기 위한 소규모 조사

2) 펍메드(PubMed) : 미 국립의학도서관에서 제공하는 의학 관련 데이터베이스 검색 서비스로 논문 기사의 초록을 검색할 수 있다.

디퍼런스 맵

대상 오스트랄라시아 메디컬 저널   날짜

원칙 (Principles)

나/우리에 관한 진실	시장/업계에 관한 진실	서비스를 제공하고자 하는 사람들에 관한 진실
우리는 경험이 많고 열정적이다. 우리는 읽고 있는 전문가가 많으며 문제에 대해 심도 있게 파악한다.	독창 기존 의학 저널들은 소수 출판사들이 장악하고 있다. / 기성 학술지에 논문을 게재하기 어렵다. / 논문 게재에서 게재까지 오랜 시간이 걸린다. / 의학 학술지가 정한 기준에 따라 논문 게재 여부가 좌우된다. / 기성 학술지들은 논문을 지원해야 할 이유부터는 거부를 이유부터 찾는다.	경험이 부족한 연구자들이다. / 논문 게재가 어렵다는 / 쓰기 능력과 영어 구사력이 부족하여 도움이 필요하다. / 경력을 쌓기 위해 논문을 게재하려고 한다.

목적 (Purpose)

목적 (Purpose) 우리가 존재하는 이유는 무엇인가?	사람 (People) 이것은 누구를 위한 것인가? 그들이 관심을 갖고 있는 것은?	개인 (Personal) 사람들이 느낌을 어떻게 바꿀 수 있을까? 사람들이 어떻게 더 나은 삶을 살도록 할 수 있을까?	인식 (Perception) 그들은 무엇을 믿는가? 그들이 우리의 어떤 점을 신뢰하기를 원하는가?	제품 (Product) 사람들이 진짜 원하거나 필요로 한 것은 무엇인가? 고객을 위해 어떻게 가치를 창출할 것인가?
의료 분야에서는 연구자로 인정받기가 매우 어렵다. 이 분야의 개선과 혁신 방향에 대해 발표하고, 논의하고, 토론하고, 촉진하는 플랫폼을 제공하는 것이 우리의 목적이다. / 신진 연구자들의 논문 게재 횟수를 늘려 승진 기회를 높이기 위해 / 신진 연구자들의 인지도를 높이기 위해 / 의료 과학 출판 편집국의 경력 낮은 직원들의 능력 개발을 지원하기 위해.	신진 연구자 / 논문 게재 경험이 1~2회 정도에 불과한 자, / 논문이 빨리 심리기를 원하는 자, / 마멀링 스터디를 포함한 연, / 기성 학술지보다 더 많은 지원이 필요한 연구자, / 개발도상국 출신 연구자, / 펌웨어와 연동된 학술지에 논문 게재하고 싶어 하는 연구자.	논문 심사는 대개 여러 달이 걸린다. 우리는 연구자들의 입장을 고려하여 이러한 난점을 보완할 것이다. / 답변을 빨리 준다. / 비영어권 학자들도 지원한다. / 논문을 거절할 이유보다는 지원해야 할 이유를 찾는다. / 모든 사람들이 수용할 만한 가격을 책정한다.	논문 게재는 어렵다. 두고 과정이 길고 복잡하다. / 신진 연구자들은 손을 한 번 못쓰고 논문을 가질당할까 봐 두려워한다. / 오스트랄라시아 메디컬 저널은 빠르고 협조적이며 책임감 있게 대응한다. / 오스트랄라시아 메디컬 저널은 논문을 거절할 이유부터는 지원해야 할 이유를 찾는다.	양질의 학술 논문 심사 과정을 보다 손쉽게 / 논문에 대한 자유로운 접근 / 개발도상국 연구자들이 감당할 만한 게재 비용 / 논문 제출부터 게재까지 한 번에 진행되는 온라인 프로세스 / 논문 지도(이하생략) 전문가들의 과정 내 학술들도 자유로운 학술지.

바이더웨이 베이커리(BY THE WAY BAKERY)

바이더웨이 베이커리는 전통적 방식을 고수하는 제과점으로 뉴욕 각 지점에서 글루텐[1]과 유제품이 포함되지 않은 특별한 빵과 디저트를 제공한다. 모든 제품은 소량 제작되며 처음부터 끝까지 손으로 만든다.

---

* 'www.difference.is'에 접속하면 'case study'에서 바이더웨이 베이커리의 맵 원본(8.5x11)을 다운받을 수 있다.

1) 글루텐(gluten) : 밀이나 보리 등 곡류에 함유된 불용성 단백질을 말한다. 끈적거리는 성질 때문에 밀가루 반죽에 쓰인다. 그러나 최근 글루텐이 신경계·면역계·관절·치아 등에 나쁜 영향을 끼치며 특정인에게 설사나 복통 등 소화 장애를 일으키는 것으로 알려지며 세간의 주목을 끌고 있다.

디퍼런스 맵

대상   바이다웨이 베이커리

원칙 (Principles)

나/우리에 관한 진실

우리는 사람들에게 기쁨을 주고 그들이 행복함을 느낀다. / 우리가 하는 일에 자부심을 느낀다. / 우리 동네에서 꼭 필요한 가게가 되길 원한다. / 공정하다. 배려 깊다. 고객이 중요하게 여기는 가치를 지지한다. / 품질에 관한 한 절대 타협하지 않는다. / 우리의 성공은 우리 입으로부터 나온다. / 우리는 팀원들이 최선을 다할 수 있도록 업무에게 최고의 것을 주고 싶다.

시장/업계에 관한 진실

글루텐을 넣지 않은 제품 시장이 두 자릿수의 성장률을 기록하고 있다. 2018년에는 시장 규모가 62억 달러를 넘어설 것으로 예상된다. / 품질이 떨어진다. 우수한 제품이 드물다. / 식품업계의 일부 거물들은 정색을 무시한다. 지름길로 섬기기라는 문화가 있다. / 어떻게 설득력 재영가을을 활용하기보다는 미리 답을어든 제품을 단순히 조정하는 방식으로 빵을 만들고 있다.

서비스를 제공하고자 하는 사람들에 관한 진실

대부분이 동네 주민들이 주민들이다. 다른 지역에서 찾아오는 사람도 간혹 있다. / 일부 고객은 글루텐이 유지를 을 넣지 않은 제품을 찾는다. / 새로운 빵이을 찾지 않는다. / 특별한 선물을 즐기기 위해, 특별함을 느끼기 위해 방문한다.

사람 (People)

이것은 누구를 위한 것인가? 그들이 관심을 갖고 있는 것은?

지역 주민들. 고객 대다수가 이 동네 사람들이다. / 타 지역 방문객들도 우리 가게를 찾을 만한 이유가 필요하다. / 이들은 글루텐을 넣지 않은 제빵제품을 찾는다. / 다른 사람들은 이만 뿐이나 마음것 먹는데 나만 처방받은 식이요법 때문에 먹지 못할 때 종종 소외감을 느낀다.

개인 (Personal)

사람들이 느낌을 어떻게 바꿀 수 있을까? 사람들이 어떻게 더 나은 삶을 살도록 할 수 있을까?

누구도 배제시키지 않는다. 신이 요망이 필요한 사람들 비롯 마을 전체의 서비스를 제공한다. / 지역과의 관계를 받아내신다. / 고객이 나를 위해 만든 제품이라고 느끼게끔 노력한다. / 모양과 티. 고객 이름과 그들이 증거 찾는 제품을 기억하는 대 가지 매사 정성을 다한다. / 최상의 재료를 쓴다. 재료 선택에 타협은 없다. / 지역 행사에 이름다운 제품을 만들어 기부한다.

인식 (Perception)

그들은 무엇을 믿는가? 그들이 우리의 어떤 점을 신뢰하기를 원하는가?

글루텐 프리(free) 제품은 만성 소화불량 환자들을 위한 것이다. / 글루텐 프리 제품은 건강에 도움이 된다. / 글루텐 프리 제품은 맛이 없다. / 전문가가 만든 제품은 늘 비싸다. / 다른 제품을 고를 수 있다면 굳이 글루텐 프리 제품을 먹을 이유가 없다. / 우리는 사람들에게 이 제품이 지금까지 먹어본 것 중 가장 맛있는 무가가 되길 원한다.

제품 (Product)

사람들이 진짜 원하거나 필요로 한 것은 무엇인가? 고객을 위해 어떻게 가치를 창출할 것인가?

처음부터 최상의 재료로 만들어 진 최고 품질의 제빵제품 / 글루텐과 유제품을 넣지 않은 빵으로 맛이 없을 것이라는 편견을 깨는 제품 무슨 재료가 빠졌는지 시식을 한 전혀 알아차릴 수 없을 정도로 온전한 맛. / 멋진 케이크. / 선물 같은 느낌을 주는 포장.

목적 (Purpose)

우리가 존재하는 이유는 무엇인가?

바이다웨이 베이커리를 찾거나 제품을 맛보는 모두를 즐겁게 하기 위해. / 감미료을 줄이면서도 양질의 단맛을 내는 과자류를 공급하기 위해. / 알레르기나 식이요법 때문에 우리 지역 사람들 즐기지 못하는 맛있는 제품을 즐기려고 하여 맛있는 제품을 찾는 사람 모두에게 서비스를 제공하기 위해.

 무닷컴(MOO.COM)

　무(MOO)는 2004년 창립된 온라인 인쇄업체로 대중적이며 훌륭한 디자인을 표방한다. 이 회사는 비용은 절감하면서도 아름다운 인쇄물을 제작하기 위해 인터넷과 새로운 기술을 활용한다. 창업주들의 말처럼 무(MOO)는 '전문 디자인의 가치와, 전 세계 폭넓게 퍼져 있으며 그래서 누구나 접근하기 쉬운 웹의 특성을 접목하여 1천억 달러 규모의 지구촌 인쇄업계를 뒤흔들기' 시작했다. 무(MOO)는 180개 이상의 국가에 10만여 명의 고객을 보유하고 있으며 한 달에 100만 개가량의 인쇄물을 찍는다. 무(MOO)는 순 추천고객 지수[1](Net Promoter Score) 75%를 기록하며 고객에게 사랑받는 브랜드 중 하나임을 입증했다.

---

* 'www.difference.is'에 접속하면 'case study'에서 무닷컴의 맵 원본(8.5x11)을 다운받을 수 있다.

1) 순 추천고객 지수란 '당신이 구입한 제품을 여러분의 친구나 동료에게 추천하겠는가?'라는 단 하나의 질문을 던져 고객의 충성도를 측정하는 방법이다. 제너럴일렉트릭, 마이크로소프트 등 글로벌 기업들이 성과 지표로 도입하면서 산업계에 점차 확산되었다. 응답자는 0～10점까지 점수를 매길 수 있는데 9～10점을 매기면 추천고객, 0～6점을 매기면 비추천고객이 되며 다음과 같은 공식으로 지수를 구한다. NPS = (추천고객 수 - 비추천고객 수)/응답자 수

대상   무닷컴   날짜

원칙 (Principles)

나/우리에 관한 진실	시장/업계에 관한 진실	서비스를 제공하고자 하는 사람들에 관한 진실
디자인이 우리 모든 업무의 핵심이다. / 우리는 디자인을 통해 우리가 누구인지, 우리가 무엇을 위해 존재하는지 세상 사람들에게 알릴 수 있다고 믿고 있다. / 우리는 고품질의 인쇄물을 사랑한다. / 우리가 하는 일은 가치선도형 비즈니스다. 우리는 디자인 혁신 커뮤니티를 탁누구나 접근하기 쉬운 힘이 만든다. / 매일 출근길이 신난다.	천만 달러 규모의 시장. / 대부분의 인쇄 회사는 신기술과 인터넷을 활용, 제작비용을 절감하는 방식을 택했다(종종 품질까지 떨어뜨린다). / 성장하기 구속이다. / 전부이다. 혁신이 부족하다. / 과거의 비즈니스 모델에 의존한다.	값싸고 흔한 명함을 원치 않는 개인 및 회사. / 창의적인 사람들과 모험적인 사업가들. / 품질과 디자인의 가치를 높게 평가한다. / 자신을 설명하고 싶어한다. / 함 문구로서 명함을 원한다. / 개성을 표출하고 싶어 한다. / 전문가로 보이고 싶어 한다.

목적 (Purpose)

사람 (People)	개인 (Personal)	인식 (Perception)	제품 (Product)
이것은 누구를 위한 것인가? / 그들이 관심을 갖고 있는 것은?	사람들의 느낌을 어떻게 바꿀 것인가? / 사람들이 어떻게 더 나은 삶을 살도록 할 수 있을까?	그들은 무엇을 믿는가? / 그들이 우리의 어떤 점을 신뢰하기를 원하는가?	사람들이 진짜 원하거나 필요한 것은 무엇인가? / 고객을 위해 어떻게 가치를 창출할 것인가?
우리 고객들은 야심을 품고 있으며, 열정적이고, 저돌적이다. / 좋은 사람들이다. / 좋은 첫인상으로 기억되기를 바란다. / 자신들이 몸담고 있는 분야나 혹은 이 세상에 혁신을 일으키길 바란다. / 온라인 비즈니스에 종사한다. / 모험을 즐기는 기업가이며, 종종 단독으로 일하거나 작은 팀을 꾸리기도 한다.	고객에 적극적으로 대화하고 소통을 유도한다. / 고객의 숨어 있어 그들이 생각지 못한 제품을 만든다. / 핻샤이토 카미함부터 사장님 총수까지 다양한 분야에서 사장님 총수에 이르기까지 우리의 머릿속에 우리가 구현하며 들 계 무언지 않을 수 있도록 소통한다. / 고객이 친구에 오므로된 브랜드 연결에 도움이 될 만한 제품과 서비스를 만든다.	좋은 디자인이 중요하다. / 디자인은, 고객의 자신의 스토리를 전개하는 방법 기반이 하나다. / 디자인은 고객의 가치를 입증해주고, 이 세계에 공헌한다. / 고객에게 세계 최고라 인색케라는 천사를 듣고 싶다.	뛰어난 품질과 디테일에 관심이 많다. 혁신적이며 주문 제작이 가능한 명함 및 문구류. / 종7색 제품들, 그음양색지 / 소량 인쇄, / 명함마다 다른 이미지를 인쇄여 주머니에 넣고 다니듯 트룸리이나 개털로그처럼 명함을 제작할 수 있는 능력. / 고객이 웹상에서 쉽게 명함을 만들 수 있도록 최상의 사용자 경험 제공 / 포장과 카피를 통해 눈에 보이지 않는 또 하나의 가치를 부여한다.

우리가 존재하는 이유는 무엇인가?

세상사람 모두에게 훌륭한 디자인을 제공하기 위해. / 최상의 인쇄업체가 되기 위해. / 전문 디자인의 가치와, 전 세계 목낮게 마저 있으며 그래서 누구나 접근하기 쉬운 힘이 특성을 접목하여 전위 대비 규모성 절묘하여 인쇄물에 뜻을 들기 위해. / 한 장의 명함으로 단숨에 세상을 바꾸기 위해.

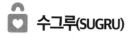

수그루(SUGRU)

수그루는 찰흙처럼 손으로 모양을 빚어 만드는 자경성 고무다. 별거 아니라고 느낄 수 있다. 하지만 이 물건은 플레이 도우(Play-doh, 공작 완구용 점토 — 역주)처럼 원하는 모양을 만들 수 있으며, 다른 물건에 붙이면 하룻밤 사이에 강하고 유연한 실리콘 고무로 변한다. 수그루는 극한의 고온과 저온, 습기에 강하다. 만일 여러분에게 고치고 싶거나 개선이 필요한 물건이 있다면 여러분은 남다른 상상력과 수그루 제품을 통해 기존 제품을 새롭게 디자인할 수 있다. 사람들은 보트의 노나 스키 폴, 카메라, 부러진 열쇠 등 물건을 고칠 때, 혹은 아이폰 케이블 수납공간을 만들 때도 수그루를 활용한다.

---

* 'www.difference.is'에 접속하면 'case study'에서 수그루의 맵 원본(8.5x11)을 다운받을 수 있다.

원칙 (Principles)

나/우리에 관한 진실
제품 발명가, 제품과학자, 디자이너, 동영상 제작자, 비즈니스 및 프로덕션 임원들 / 의욕이 넘치고 단호한 매 뜨겁기다. / 기업가정신을 갖고 있다. / 공상가, 공상가.

시장/업계에 관한 진실
우리는 자동차, 자기가격의 제품을 양산하는 대량생산(치세) 아래 형성된 광고 쓰고 금방 버려는 근대적 문화 안에서 살아간다. / 많은 제품들이 형편이 설계되었다. 제 수명을 다하는 제품이 드물다. / 소매 이웃에 매장을 통해 제품을 판매하는 다국적 기업이 시장을 지배한다. / 무명 기업들이 마케팅에 거대한 예산을 쓰이 붓지만 고객과 직접 만날 청구가 없다.

서비스를 제공하고자 하는 사람들에 관한 진실
똑똑하고 창의적이며 독창적이다. / 할 수 있다는 사람. / 신중을 갖고 있다. / 개조하기 좋아하는 사람. / 물건을 잘 다루고 싶어하고, 종류별로 정리하기를 원하는 문제아닐사. / 남들이 위해 아이디를 공유하길 원하는 사람.

인식 (Perception)
그들은 무엇을 믿는가? 그들이 우리의 어떤 점을 신뢰하기를 원하는가?

물건을 실생활에 맞게 개선하거나 고치고 바꾸는 일을 돕는다. / 물건을 고치는 정보나 새 것을 사서 쓰는 게 무조건 써다. / 우리는 사람들이 물건을 고쳐 쓰는 습관으로 돌아가서 물건을 더 오래 더 좋게 쓸 수 있기를 희망한다.

제품 (Product)
사람들이 진짜 원하거나 필요한 것은 무엇인가? 고객을 위해 어떻게 가치를 창출할 것인가?

용도가 다양하고 제품 기능을 개선시킬 수 있는, 특허를 받은 우리 소유의 우유무이한 기술. / 부드러우면서도 강력하고, 잘 하면 사도 척척 달라붙는, 건조가 가능한 고무 방수가 되고, 그 군에도 고무없으며, 맞착성이 좋으면 도 재자가 가능한 고무 / 물건을 고치거나 이음을 개선시킬 수 있는 능력, 일상에서 발생하는 문제에 대한 똑똑한 해결책

사람 (People)
이것은 누구를 위한 것인가? 그들이 관심을 갖고 있는 것은?

우리가 사는 이 세상에 관심이 많다. 더 나은 세상을 만들고 싶어 한다. / 독특하고, 발명가적 기질이 있고, 창의적이고, 재주가 많다. / 검소하다.

개인 (Personal)
사람들의 느낌을 어떻게 바꿀 수 있을까? 사람들이 이렇게 더 나은 삶을 살도록 할 수 있을까?

실생활의 용도에 맞게 적응하도록 고치고 사용자가 직접 필요에 따라 물건을 개선할 수 있도록 한다. / 고객과 직접적인 관계를 맺는다. / 고객의 스토리를 우리 스토리의 일부가 되게 한다. 그 고객에게 직접 물건을 판다. 수그부 제품으로 물건을 고치는 영상을 재제작고 소셜 미디어를 통해 알린다. / 사용자가 직접을 올릴 수 있도록 공간을 제공한다.

목적 (Purpose)
우리가 존재하는 이유는 무엇인가?

물건을 고치고, 용도에 맞게 물건을 최적화하는 데 도움을 주기 위해. / 물건을 자동시키는데서 한 발 더 나아가 우리가 소중한 제품을 관리하고, 고치고, 바꾸고, 발전시켜서 더 오래, 더 튼튼히 더 낫게 제품을 쓰기 위해. / 경제적이고 지속 가능하며 합리적인 솔루션을 제공하기 위해. / 수그룹을 세계에서 가장 놀랍고 가치 있는 가정용 제작업체 중 하나로 만들기 위해.

💼 워비파커(WARBY PARKER)

워비파커는 온라인 안경 소매상이자 소셜커머스 회사이며 라이프스타일 브랜드다. 고객의 니즈와 브랜드 성장에 대응하기 위해 최근 판매점을 늘리고 있다.

---

* 'www.difference.is'에 접속하면 'case study'에서 워비파커의 맵 원본(8.5x11)을 다운받을 수 있다.

1) 밀레니얼(Millennial) : 디지털 원주민. 태어나면서부터 디지털기기와 언어를 접하여 디지털적 습성과 사고를 지닌 80년대 이후 태생의 사람들.

2) 네오(NEO, New Economic Order) : 고학력 · 고소득 · 고소비층

♠ 디퍼런스 맵

대상	외부파커	날짜

원칙 (Principles)

나/우리에 관한 진실	시장/업계에 관한 진실	서비스를 제공하고자 하는 사람들에 관한 진실
우리는 우리가 하는 일에 열정적인 사람들이다. / 경영대학원 졸업자들이다. 하지만 우리 일에는 기술 전문가가 없다. / 개발도상국에 관한 비영리단체에서 일한 경험을 통해 인경 제조에 관한 지식을 갖추었다. / 중요한 일을 하고 싶어 하는, 재능 있는 밀레니얼 인력을 채용하고 있다.	660억 달러 규모의 시장. / 고성장성. / 웹트래픽이 좋기 전까지만 해도 인경제품이 1% 정도만 온라인으로 판매되었다. / 원하는 인경을 고르기가 어렵다. 한 회사가 많은 브랜드를 갖고 있다. / 고객에게 다가가려면 신뢰를 쌓아야 한다. / 현재 인경업에는 고객중심의 서비스를 제공하지 않는다.	인경 지향제에 따르면 2년에 한 번 인경을 바꾸어야 하는데 실은 이보다 더 자주 바꾸고 싶다. / 상식이 있다. / 음질에 민감하다. 품질 좋은 인경을 알아보는 눈이 있다. / 밀레니얼이다. / 개발도상국 사람들에게는 자기 스타일에 맞는 인경을 선곤할 기회가 필요하다.

목적 (Purpose)	사람 (People)	개인 (Personal)	인식 (Perception)	제품 (Product)
우리가 존재하는 이유는 무엇인가?	이것은 누구를 위한 것인가? 그들이 관심을 갖고 있는 것은?	사람들이 느낌을 어떻게 바꿀 수 있을까? 사람들이 어떻게 더 나은 삶을 살도록 할 수 있을까?	그들은 무엇을 믿는가? 그들이 우리의 어떤 점을 신뢰하기를 원하는가?	사람들이 진짜 원하거나 필요한 것은 무엇인가? 고객을 위해 어떻게 가치를 창출할 것인가?
세상에 긍정적인 영향을 끼칠 글로벌 라이프스타일 브랜드를 구축하기 위해. / 재미, 창의성 기능성 아름다운 디자인을 갖추려는 브랜드를 구축하기 위해.	밀레니얼[인류²] / 인맥이 있다. 인경 스타일뿐 아니라 사회적인 이슈, 환경문제에도 관심이 크다. / 일반 소비 브랜드에 대한만 수준의 배려를 기대하지 않는다. / 인경제품을 즐겨 고르며, 인경을 단순히 기능성 도구가 아닌 패션 아이템으로 여긴다.	고객 서비스가 우리 일의 전부다. / 신뢰와 커뮤니티를 구축한다. / 놀라운 경험을 선사한다. / 무료 체험용 인경을 집까지 배달해주는 서비스를 제공한다. / 소셜 미디어를 통해 고객과 교감한다. / 고객과게임을 갖는다. 이 경쟁에서 그들과 교감한다. 사람들이 교감하고 공유하기 원하는 콘텐츠를 만든다.	인경은 비싸다. / 선택지가 많다. / 인경을 고르려면 인경점에 가야 한다. / 사람들은 우리 브랜드에 친밀감을 느끼기 때문에 다른 곳에서 인경을 살 생각을 결코 하지 않을 것이다.	품질 / 합리적인 가격 / 종교한 갑어져 / 멋있게 보이기 / 선행[해피파크는 1대 1 모델을 통해 고객이 인경을 한 개 살 때마다 다른 한 개를 기부한다.] / 환경에 대한 책임[아 비싸게 이산화탄소를 배출하지 않는다. / 무료 처방을 인경 배달 서비스 배송료도 없다. / 헬시오[브랜드 초성에서 사용자 경험 제공.

에어비앤비(AIRBNB)

에어비앤비는 커뮤니티 중심의 숙박업체다. 이들이 개설한 온라인 시장에 누구나 들어와서 숙소를 올리고, 검색하고, 빌린다. 이곳에는 일반 숙소 외에도 세계 곳곳의 개성 넘치는 숙소가 많다.

* 'www.difference.is'에 접속하면 'case study'에서 에어비앤비의 맵 원본(8.5x11)을 다운받을 수 있다.

원칙 (Principles)

나/우리에 관한 진실

기업가 기질을 가진 디자이너들. / 하버드에서 컴퓨터와 휴머니티를 전공한 경험 풍부한 소프트웨어 엔지니어. / 타인의 일에 열정을 기울이는 사람. / 일상의 문제 해결을 즐기는 사람들. / 포기를 모르는 사람들. / 창의적인 문제 해결사들.

시장/업계에 관한 진실

여행 및 관광업이 세계 GDP에 기여하는 액수는 6조 3천억 달러에 달한다. / 여행 및 관광업에는 2011년 기준 2억 5500만 개의 일자리가 있었으며, 이는 전 세계 직업 수의 12분의 1에 해당한다. / 각 도시의 여행 숙박시설은 도심과 가까운 곳에 위치한 호텔 체인이 장악하고 있다. / 그러나 호텔은 개인이 원하는 맞춤형 휴가 체험을 제공하지 않는다.

서비스를 제공하고자 하는 사람들에 관한 진실

여행을 즐기거나 낯선 사람과의 교류를 선호한다. / 가급적 들이지 않고도 머물 수 있는 숙소를 원한다. / 일상에서 벗어나 색다른 경험을 원한다. / 어딜 가서 묵든 획일적인 느낌의 집의 호텔에 질렸다. / 숙소 주인에게는 부수입 창출의 기회가 필요하다.

사람 (People)

이것은 누구를 위한 것인가? 그들이 관심을 갖고 있는 것은?

매번 독특한 여행이 주는 단조로움에 질렸다. / 여행지에서 만나는 새로운 사람들과의 유대관계를 즐긴다. / 여행지에 대해 공부하고 여행계획 세우기를 즐긴다. / 보통사람들에 비해 더 넓은 곳을 여행한다. / 모험심을 갖고 있다. / 나에게 딱 맞는 여행 체험을 원한다. / 자신의 여행 경험을 친구나 가족과 온라인으로 공유하길 즐긴다. / 온라인 도구를 사용하는 데 능숙하다.

개인 (Personal)

사람들이 느낌을 어떻게 바꿀 수 있을까? 사람들이 어떻게 더 나은 삶을 살도록 할 수 있을까?

온라인상에서가 아닌 현실세계에서 사람들이 개인적인 경험을 만드는 데 도움을 준다. / 평생 유지할 수 있는 온라인 관계를 형성하는 데 도움을 준다. / 정형화된 여행 체험을 싫어하는 사람들에게 가장 생생한 숙박 경험을 제공하는 데 도움을 준다. / 꾸준히 발전 중인 사용자 커뮤니티를 만드는 데 일조한다.

인식 (Perception)

그들은 무엇을 믿는가? 그들이 우리의 어떤 점을 신뢰하기를 원하는가?

호텔은 너무 비싸고 인간미가 떨어진다. / 호텔 사람들은 공손한 태도로 서비스를 하는 것 같지만 진정성이 느껴지지 않는다. / 여행자들이 낯선 마음을 다시 방문하더라도 자기가 여행자라는 느낌을 받지 못할 것이다.

제품 (Product)

사람들이 진짜 원하거나 필요한 것은 무엇인가? 고객을 위해 어떻게 가치를 창출할 것인가?

세계 거의 모든 곳의, 거의 모든 종류의 숙소를 누구나 목록으로 열람할 수 있고, 누구나 예약할 수 있는 안전한 숙박 플랫폼. / 숙소를 빌려주는 사람과 숙소에 묵을 사람을 중개하는 곳. / 숙소 찾기부터 문의하기 예약하기 결제하는 것까지 한 번에 완벽하게 해결해 주는 온라인 경험 / 커뮤니티의 다른 멤버에게도 도움이 되도록 각 숙소에 요금을 매기고, 피드백을 제공할 수 있는 온라인 행정. / 세계 최고의 고객 서비스

목적 (Purpose)

우리가 존재하는 이유는 무엇인가?

사람들이 세상을 체험하는 방식에 변화를 주기 위해

심리닷코(SEAMLY.CO)

심리닷코는 남는 직물을 이용해 여성의류를 생산하는 미국 소재의
지속가능형 의류회사다.

---

* 'www.difference.is'에 접속하면 'case study'에서 심리닷코의 맵 원본(8.5x11)을 다운받을 수
있다.

디퍼런스 맵

원칙 (Principles)

나/우리에 관한 진실
지속가능성에 헌신한다. / 제품 개발 및 생산 분야의 전문가들로 일한다. / 표류사정을 알고 있다. / 지속가능 패션 분야의 미래에 경향이 있다.

시장/업계에 관한 진실
최신 유행을 반영하여 발 빠르게 대응하는 패스트 패션(fast fashion)이 포화상태에 이르렀다. / 자가의 노동력 착취가 만연해 있다. / 인권 관련 쟁점들이 불거져 인으로 / 환경을 오염시키는 이전부터의 관행 때문에 인류으로 패션 분야에 인류으로 / 환경을 생각하고 있다는(높낮, 유찻변형상품, 화폐재활용).

서비스를 제공하고자 하는 사람들에 관한 진실
유기농 코일이나 채소를 판매하는 상점은 알고 있지만 이직 지속가능성 패션에 대해 잘 모르고 나아가 그게 왜 중요한지 모르는 사람이 많다. / 영양을 얻을 만한 아무런 정보를 제공해주지 않으면 우리인 숨을 찾지 않을 것이다. / 자기가 신뢰하는 제품에는 기꺼이 돈을 지불한다. / 대개는 패션 마케팅업체가 주식을 사지 않는다. / 유행을 타지 않는다.

목적 (Purpose)

우리가 존재하는 이유는 무엇인가?

금방 사서 입고 버리는 의류를 대체할 수 있는 제품을 합리적 인 가격에 공급하기 위해. / 지 속가능한 패션 스타일에 멋있게 옷을 입으려고 한다. / 소득이 있다. 자신이 신뢰하는 제품에 돈을 쓰고 싶어 한다. / 주말에는 여유롭게 즐긴다. / 주요 이슈에 대한 개인 인간과 환경 이슈에 대한 사사점을 주기 위해, 표착시 장에 속하는 사람들 사이에서 디자인 기술과 비즈니스에 공감대를 조성 하기 위해.

사람 (People)

이것은 누구를 위한 것인가? 그들이 관심을 갖고 있는 것은?

환경 문제에 관심이 있다. 편안 하되 요란하지 않은 스타일을 추구한다(그러나 기능성이면 맵시 있게 옷을 입으려고 한다). / 소득 이 있다. 자신이 신뢰하는 제품 에 돈을 쓰고 싶어 한다. / 주말 에는 여유롭게 장기 휴가를 내서 여행을 즐겨 떠난다.

개인 (Personal)

사람들의 느낌을 어떻게 바 꿀 수 있을까?
사람들이 어떻게 더 나은 삶 을 살도록 할 수 있을까?

패스트 패션의 폐해에 대해 명 확한 정보를 제공한다. / 우리 의 디자인 및 제작 과정을 공 개한다. / 작품을 소재로 쓰, 몸에 잘 맞으며, 품질이 좋은 의류를 제안한다. 또한 우수한 서비스를 제공한다. / 고객이 실제로 중요한 소비자로서 자 신의 목소리를 내고 있음을 이 해한다. 고객을 단순히 한 명 의 소비자로 보지 않는다.

인지 (Perception)

그들은 무엇을 믿는가?
그들이 우리의 어떤 점을 신 뢰하기를 원하는가?

개인의 스타일이 가장 중요하 다. / 단순히 자신이 추구하는 가치를 지지하기 위해 옷을 사 는 경우는 없다. / 그들은 이직 멋 찾았을 뿐이지 다닌 쇼핑 방식이 있다고 여긴다. / 스스 로를 친환경 기업이라고 포장 하고 싶어 하지 않는다. 진짜 환경 을 생각하는 기업으로 인식되 길 바란다. / 고객들이 심리적 교류에 의류를 구매하는 과정 을 통해 의류를 쓰스로 대변한 을 수 있다고 믿기를 희망한다.

제품 (Product)

사람들이 진짜 원하거나 필요 한 것은 무엇인가?
고객을 위해 어떻게 가치를 창출할 것인가?

편안하고 자연스러운 옷 / 장 어 올리는 옷 / 유행에 끌려가지 않 는 클래식 스타일 / 합리적인 소 매가 / 다양도, 다기능성 의류.

채리티워터(CHARITY: WATER)

    채리티워터는 개발도상국 사람들이 마실 수 있는 깨끗하고 안전한 물을 공급하는 비영리 단체다.

---

* 'www.difference.is'에 접속하면 'case study'에서 채리티워터의 맵 원본(8.5x11)을 다운받을 수 있다.

♠ 디퍼런스 맵

인식 (Principles)

나/우리에 관한 진실	시장/업계에 관한 진실	서비스를 제공하고자 하는 사람들에 관한 진실
투명하다. / 열정적이다. / 현실적이다. / 이 세상에 디퍼런스를 만들어 내기 원하는 창의적인 문제 해결사들이다.	일부 자선단체의 기부나 관련 투명성에 문제가 있다는 소문이 돌고 있다. / 자선단체들은 현재 붉신의 문제에 직면해 있다. / 자선단체들은 개도국 사람들이 처한 물리적인 상황이 어떤 나쁜 결과를 초래할지에만 집중하지 그 원인에 대해서는 관심이 없다. / 물 공급 개선과 위생관리에 1달러씩 투입되고 있는데 이 문제들의 성격에 따라 1달러에서 4달러까지 언급되며 지역격차를 위해 풀어되기도 한다.	기존 이하의 수질과 바위생적인 주거환경으로 매주 3만여 명이 죽어간다. 그중 90퍼센트는 5세 미만의 어린이들이다. / 아프리카만 해도, 사람들은 식수를 구하기 위해 매년 400억 시간을 걷고 있다. / 식수 찾기는 대개 여성과 어린이들에게 맡겨진다.

목적 (Purpose) · 사람 (People) · 개인 (Personal) · 인식 (Perception) · 제품 (Product)

목적 (Purpose) 우리가 존재하는 이유는 무엇인가?	사람 (People) 이것은 누구를 위한 것인가? 그들이 관심을 갖고 있는 것은?	개인 (Personal) 사람들이 느낌을 어떻게 바꿀 수 있을까? 사람들이 어떻게 더 나은 삶을 살도록 할 수 있을까?	인식 (Perception) 그들은 무엇을 믿는가? 그들이 우리의 어떤 점을 신뢰하기를 원하는가?	제품 (Product) 사람들이 진짜 원하거나 필요한 것은 무엇인가? 고객을 위해 어떻게 가치를 창출할 것인가?
세계 모든 사람들에게 깨끗한 식수를 공급하기 위해.	8억 명의 인구가 깨끗한 식수를 못 구해 난관에 처해 있다. / 여성과 어린이가 매일 식수를 찾기 위해 장시간 발품을 판다. / 그들은 매일 물동이를 짊어지고 다니느라 교육 받을 시간이 없다. / 식수 공급용 우물을 유지하려면 관련 기술을 익히는 등 교육이 필요하다. / 이들은 마을에서 쓸 수 있는 식수용수 또는 기반시설 구축에 도움을 줄 등 단체의 파트너십 체결을 희망한다.	기부자는 '나의 자선 : 물(my charity: water)' 플랫폼을 통해 직접 캠페인을 시작할 수 있다. / 기부자는 '달러 투 프로젝트(Dollars to Proof)'를 통해 듣고 싶은 사람과 프로젝트를 찾을 수 있다. / GPS나 사진 등의 자료로 기부금의 경로를 추적하고, 프로젝트 진행상황을 확인한다. / 스토리텔링, 동영상, 소셜 미디어를 활용, 후원자끼리 유대감을 형성하고, 기부자들이 스토리를 공유하도록 한다.	무엇을 막론하고 자선단체에 대한 불신이 존재한다. / 사람들은 자신이 기부한 돈이 제대로 쓰이고 있는지, 어려운 이웃에게 제대로 전달되는지 걱정한다. / 미국인의 79%는 기부 이 자선 프로그램에 얼마나 쓰이는지 공개해야 한다고 말한다. / 미국인 10명 중 1명만 자선 단체가 정직하고 도덕적이라고 여긴다. / 기부금을 믿음으로 하는 사람들에게 전달한다.	기부금을 고스란히 전달할 수 있는 자선사업 모델/비용을 운용하는 자선 기부 펀드 / 프로젝트와 연결하기 기부금 경로 추적 / 개인 머니 플랫폼 / 웹사이트에 상세한 자료공개 / 빠짐없이 책임감과 투명성 확보 / 마을 사람들이 깨끗한 물 공급 프로젝트를 추진하고 유지하는 데 필요한 사회기반 시설을 갖출 수 있도록 현장 경험이 풍부한 파트너와 연계

 **심플닷컴(SIMPLE.COM)**

심플닷컴은 최신 온라인/모바일 체험을 제공하고, 합리적인 수수료를 제시하며, 훌륭한 고객 서비스를 갖춘 신개념 개인뱅킹서비스로, 기존 은행 서비스의 대안으로 떠오르고 있다.

---

* 'www.difference.is'에 접속하면 'case study'에서 심플닷컴의 맵 원본(8.5x11)을 다운받을 수 있다.

원칙 (Principles)

나/우리에 관한 진실
사람다운 기업을 꿈꾸며, 고객과 파트너십 맺기를 원한다. / 우리는 포커스 그룹의 피드백 없이 뱅킹 서비스를 출시했다. / 참여적이고, 열정적이며, 결정적이고 / 데이터 중심의 비즈니스. 우리는 우리가 시장에 끼친 영향력을 숫자로 측정하고, 기술력을 갖고 있다.

시장/업계에 관한 진실
이 업계의 시스템은 순전히 뱅킹 업무를 수행하기 위해서 설계되어 너무 불편하고 낙후되다. / 이 시스템은 20~40년 전에 구축되었다. / 웹사이트 디자인이 구식이다. / 고객들은 기존 뱅킹업계의 복잡한 내용 때문에 혼란에 빠지는데 엄체들은 이를 수익 창출의 기회로 삼는다. / 혁신 부야이나 애로점 등의 이견을 주고받는 공간을 지나치게 규제한다. / 관련 기술이 복잡하다.

서비스를 제공하고자 하는 사람들에 관한 진실
돈 걱정이 많다. / 은행에 붙잡이 않다. / 현금 흐름이 순조롭기를 원한다. 지금 경쟁을 막기 위해 신 용기에 의존한다. / 고객들은 기존 업무에, 도움을 무 있게 쓰고 싶어 한다.

목적 (Purpose) 우리가 존재하는 이유는 무엇인가?	**사람 (People)** 이것은 누구를 위한 것인가? 그들이 관심을 갖고 있는 것은?	**개인 (Personal)** 사람들이 느낌을 어떻게 바꿀 수 있을까? 사람들이 어떻게 더 나은 삶을 살도록 할 수 있을까?
놀라운 뱅킹 서비스를 만들기 위해 우리는 고객이 자신의 재정 상태를 이해하고 관리하는 데 도움을 준다.	기존 은행 서비스에 불만을 갖고 있는 사람. / 은행에서 하는 대로 내버려두는 어리석은 사람은 싫다. 내 돈을 내가 자유롭게 관리하고 있다고 느끼고 싶다. / 차가운 이성을 가지고 돈을 바라보는 사람들이 아니다. 이 보다는 감성적이고 직관에 서 돈을 바라보는 사람. / 온라인뱅킹이나 모바일앱기능을 통해 거래하는 게 훨씬 편한 사람.	고객의 이야기를 경청한다. 고 객마다 자신이 이야기하고 살아 하는 방식이 있다. 이를 존중한다. / 고객이 엄마의 도움을 보유라고 있는지 알려주는 기능을 제공. 고객에게 관한을 부여한다(예컨대 'Save-to-Spend' 기능 등을 통해). / 목표 금액(the Goals') 기능을 통해 사람들이 저축을 돕는다. / 모든 업무의 중심은 고객이다. 고객이 친숙하게 이용할 수 있는 직관적인 뱅킹 서비스를 만들었다.

인식 (Perception) 그들은 무엇을 믿는가? 그들이 우리의 어떤 점을 신뢰하기를 원하는가?	**제품 (Product)** 사람들이 진짜 원하거나 필요한 것은 무엇인가? 고객을 위해 어떻게 가치를 창출할 것인가?
은행들은 광고와 달리 우리의 이익을 극대화시키지 않는다. / 뱅킹 수수료는 불공평하며 불 투명하다. / 은행을 못 믿겠다. / 은행은 고객 개개인에게 관심이 없다. / 은행을 고객이 피드백을 주어도 아무 반응 없을 것이다. / '마이너스 인출 수수료를 낼 때까지 막 바꾸가 된 기분이다.' / 우리는 세계 최고의 은행이다. / 우리는 기존 은행을 대체할 수 있으며, 고객의 운데는 결정에 도움을 준다.	인간 지향적인 모바일 뱅킹 어플리케이션. / 심플한 신용 카드. 잠 깐! 놀랄 만큼 비싼 수수료는 없다. / 제좌 잔체가 예산 수립/저축을 위한 강력한 툴로 만들어져 있다. / 모든 툴은 쉽 이쓰만. 안 드로이드에서나 작동한다. / 돈을 모으고 관용하게 쓰는 데 도움이 되는 툴. / 사용자 인터페이스가 쓸 강력한 뱅킹 시스템. 즉 사용하는 고객 서비스.

 우버(UBER)

2009년 창립된 우버는, 모바일 어플리케이션을 통해 승객과 택시 운전사를 연결하고, 고객이 직접 운전사를 선택하는 운송 네트워크 회사다. 스마트폰 앱으로 택시를 예약할 수 있고, GPS를 이용하여 운전자가 어디까지 오고 있는지 경로를 추적할 수 있다. 가격 지불 역시 앱을 통해 이루어지는데 우버가 결제 과정을 대리하기 때문에 따로 현금이나 카드 없이도 서비스를 이용할 수 있다. 사용자들은 앱을 이용해 요금 견적서를 받을 수 있으며, 운전자에 대한 피드백을 줄 수 있다. 우버는 각 건마다 발생한 택시요금의 1퍼센트를 갖는다. 우버는 검은 타운 카(Town Car, 유리문으로 앞뒤 자리를 칸막이한 고가형 세단 — 역주) 운전자들과 승객들을 연결하면서 서비스를 개시했다. 2012년에는 더 많은 고객을 유치하기 위해 우버엑스(UberX)를 포함하여 다양한 서비스를 갖추었다.

---

* 'www.difference.is'에 접속하면 'case study'에서 우버의 맵 원본(8.5x11)을 다운받을 수 있다.

디퍼런스 맵

원칙 (Principles)

나/우리에 관한 진실
창의적인 문제 해결사들이다. / 모든 문제에는 반드시 해결책이 있다고 생각한다. / 열심히 일한다. / 일을 즐긴다. / 스포티에어 엔지니어와 기업가들이다. / 우리 사회의 성공적인 혁신자들과, 일정 기준 이상의 기업가 빠샷들이 어떤 활동을 펼치는지 늘 관심 있게 지켜본다.

시장/업계에 관한 진실
택시를 잡으려는 문제는 지난 수십 년간 방치되어 있었다. / 택시 한 대를 잡으려고 여러 블록을 건너 돌아다니기 일쑤였다. / 도심에 살게 만들었다. / 도심에 살다보면 택시를 중심으로 사람들을 운송하는 사업은 규모가 크고, 이 업계에는 시장 점유율을 장악하고 있는 강자가 따로 없다. / 택시 및 리무진 서비스는 천억 달러 규모의 시장이다.

서비스를 제공하고자 하는 사람들에 관한 진실
택시 운전사를 찾거나 택시를 기다리면서 그들이 언제 올지 알 수 없는 상황. 즉 불확실성을 좋아하진 않는다. / 몇몇 사람들은 편리하고 확실하게 택시를 이용할 수 있다면 추가 수수료를 기꺼이 지불할 것이다. / 사람들은 제시간에 도착하는 것을 중요하게 여긴다. / 운전사 중에는 고객에 직접 호출이 들기를하여 손님 찾아 빈 길을 빈 택시로 달리는 경우도 있다.

사람 (People)
이것은 누구를 위한 것인가? 그들이 관심을 갖고 있는 것은?

사람들은 시간에 쫓긴다. / 고객에게는 믿을 만한 운송 서비스가 필요하며, 그들 역시 바라고 있는 바다. / 우리 고객은 약속 시간에 도착하는 것을 중요시한다. / 우리 고객은 편리함에 가치를 둔다. / 우리 고객은 운전사들이 일개 가다 더 많이 필요하다. 또한 택시를 잡으려는 고객과 실시간으로 연결되는 방법도 찾고 있다.

개인 (Personal)
사람들의 느낌을 어떻게 바꿀 수 있을까? 사람들이 어떻게 더 나은 삶을 살도록 할 수 있을까?

버튼 하나로 택시를 쉽게 잡을 수 있도록 도와준다. / 고객이 운전자의 경로를 확인하고 예상 전자의 경로를 확인할 수 있도록 한다. / 고객이 자신의 정확한 위치를 몰라도 차를 부를 수 있다. / 얼마 걸리는지 미리 알 수 있다. / 우리 고객에 있어 승차에서 하차까지 모든 과정이 간편이 이루어진다. / 운전기사는 업무량을 조절하고, 계획하고, 관리할 수 있다. / 고객의 피드백을 담아 운전기사를 평가하는 시스템을 갖춘다.

인식 (Perception)
그들은 무엇을 믿는가? 그들이 우리의 어떤 점을 신뢰하길 원하는가?

택시가 언제 올지 예상하기 힘들다, 피곤하거나는 이제 기나를 점이어 한다, / 택시가 어디 있나? / '제시간에 도착할 수 있을까?' / 승객들은 목적지에 도착한 바가지요금을 쓰지 않을까 걱정한다. / 미터기를 보고 요가 걱정한다. / 사람들은 차라리 급매를 미리 알고 있는 게 낫다고 생각한다. / 이런 서비스가 그동안 어디에 있다 나타난 걸까?

제품 (Product)
사람들이 진짜 원하거나 필요한 것은 무엇인가? 고객을 위해 어떻게 가치를 창출할 것인가?

스마트폰을 통해 승객과 운전자를 연결해줌 머리의 어플리케이션 / 운전자가 승객에 있는 곳까지 어느 경로를 추적하고, 핸드폰으로 인접하게 결제하고, 택시에서 내린 뒤 운전기사를 평가할 수 있는 어플리케이션 / 버튼 하나로 택시를 잡을 수 있는 방법 / 핸 하나로 승차부터 하차까지 간편하게 택시를 이용

목적 (Purpose)
우리가 존재하는 이유는 무엇인가?

사람들이 이동하는 방식을 진일보시키고, 도시의 교통편을 편리하게 만들고, 사람들이 이동하는 데 시간을 낭비하지 않도록 하기 위해

🛒 디퍼런스 맵의 활용 조언

디퍼런스 맵은 고객이 원하는 제품 및 서비스를 개발하고 고객에게 중요한 유무형 가치의 창출 기회를 탐색하는 데 도움이 되도록 설계되었다. 사례 연구를 읽고 디퍼런스 맵이 어떻게 활용되는지 살펴보았다면 이제 직접 시도해보자. 비즈니스를 설계하고 계획하고 구축하고 재상상하고 재창조하고 출시하고 성장시키는 데에 이 맵을 활용할 수 있다.

'선 제작 후 판매'의 기존 마케팅 방식을 벗어나서 디퍼런스 맵을 활용하여 원칙들, 즉 3가지 진실을 우선적으로 파악한다. 당신과, 잠재고객과, 당신이 활동하는 업계/시장에 대한 통찰력에 초점을 맞추면 혁신의 기회, 디퍼런스를 만들 기회가 어디 있는지 이해할 수 있다. 그 다음에, 나의 비즈니스가 존재해야 할 이유를 고민해보고, 현재 고객이든 잠재고객이든 그들이 어떤 사람인지 탐색해야 한다.

디퍼런스 맵은 아래 순서에 따라 완성시킬 때 가장 잘 실행된다.

❶ 원칙(Principles)

❷ 목적(Purpose)

❸ 사람(People)

❹ 인식(Perception)

❺ 개인(Personal)

❻ 제품(Product)

6가지 범주에 대하여 가능한 한 많은 질문을 던지고 답하라. 디퍼런스 맵에 기입한 답변들을 통해 당신은 비즈니스를 시작할 수 있을 것이다. 그러나 맵에 구애받지 말고 당신 스스로 구한 질문과 답변을 자유롭게 추가해도 상관없다.

'www.difference.is'에 접속하면 디퍼런스 맵 사본을 다운받을 수 있다. 큼직하게 여러 장 인쇄한 뒤, 포스트잇 메모를 붙이고 그림을 그리고 낙서하면서 당신의 팀과 공유하기 바란다. 그런 뒤에 당신의 아이디어를 '중요한 그 무엇'으로 만들자!

🔓 진짜 디퍼런스는 마음으로 스며든다

당신의 관심거리(비즈니스, 영화, 호텔, 제품, 블로그, 책, 포장, 디자인, 앱, 대화, 학교, 노래, 미술 등등) 가운데 당신에게 단순히 좋은 것도 있을 것이고, 반면 이건 없으면 정말 큰일 나는 소중한 것도 있을 것이다. 단순히 좋은 것을 넘어서 정말 소중하다고 느끼게 만드는 것은 무엇일까? 우리의 관심을 기울이게 만들고, 우리 마음에서 떠나지 못하는 뭔가 특별한 것, 그것은 무엇일까?

만일 우리가 이건 정말 소중한 거야, 하고 느꼈다면 그것은 공감을 불러일으키고, 감정을 자극했기 때문이다. 공감이나 감정은 사고의 과정이나 결과가 아니라 하나의 느낌이고, 그래서 논리적으로 설명되기 어려울 수밖에 없다. 더욱이 그 느낌은, 마케팅부서 전체가 느끼는 어떤 집단적 감정이 아니라 당신 자신의 마음에서 우러나오는 진솔한 그 무엇이다.

잘 작동하기만 하면 좋은 제품이 된다. 그러나 훌륭한 제품이 되려면 우리 스토리의 일부가 되어야 한다.

생각할 거리만 던져주어도 좋은 강사가 된다. 그러나 훌륭한 강사가 되려면 말로 표현하지 못한 마음까지 우리 가슴에 전달해야 한다.

이야기할 만한 스토리를 갖고 있어도 좋은 마케팅이 된다. 그러나 훌륭한 마케팅이 되려면 그 자체가 스토리가 되어야 한다.

진짜 디퍼런스는 물이 스며들 듯이 자연스럽게 다가온다. 의식적으로 알아차리는 경우는 드물고 설령 알게 되었다고 해도 설명하기가 참

힘들다.

우리는 단지 디퍼런스를 느낄 뿐이다. 그게 있다는 것만 알 뿐이다.

이런 느낌들이 그 제품과 서비스를 '중요한 그 무엇'으로 탈바꿈시킨다.

저평가받을래, '온리 원'이 될래?

신문기사, 작곡, 앱 개발을 비롯하여 디자인까지 저평가되는 시대가 되었다. 나는 웹디자인을 하는 크라우드 소싱업체 가운데 하나인 '99 디자인스(99designs)'에 249달러를 주고 로고 한 개를 만들 수 있다. 우선 제작을 의뢰하면 여러 디자이너들이 디자인을 올리고 나는 이 가운데 30여 개의 시안을 추려낸다. 비록 주변 사람들이 이게 뭐냐고 말리겠지만 최소한 하나 정도는 쓸 만한 게 있을 것으로 본다. 이런 저가의 크라우드 소싱은, 많은 전문 디자이너들에게 골칫거리가 되고 있는게 사실이다.

세상이 이렇게 변했는데도 불구하고 디자이너이자 글자 도안 전문가인 제시카 히시(Jessica Hische)는 여전히 인기를 누리고 있다. 그녀는 의뢰인에게 끌려 다니는 게 아니라 자기 스스로 함께 작업할 사람을 고르고 가격을 제시한다. 최소한 그녀는 자기 일에서만큼은 을이 아닌 갑이다. 내가 새로 혁신에 도전하기 위해 디자인 씽킹(design thinking, 오늘날의 아이데오를 만든 혁신 방법 – 역주)을 활용한다면 물론 나는 아이데오를 찾아갈 생각이다. 그게 아니라면 당신은 누구를 찾겠는가? 낸시 두아르테(Nancy Duarte, 테드 프레젠테이션 코치로 유명 – 역주)의 회사는 앨 고어나 빌 게이츠 같은 사람이나 트위터나 휴렛패커드 같은 회사를 위해 프레젠테이션을 설계한다. 당신이 테드(TED) 무대 위에 서서 세계인의 이목을 집중시키고 싶다면 낸시 두아르테 외에 누구의 도움을 받을 생각인가.

당신은 어떤 기술을 갖고 있는가? 그런데 당신이 가진 그런 기술에 돈을 지불하면서 이를 어떻게 사용할 것인지 매일 마음 깊이 탐구하고 있는 사람들도 있다. 그들이 당신보다 더 뛰어난 사람이라서 그런 게 아니다. 그들은 그 기술이 자신이 원했던 것이고, 이를 활용하여 새로운 비즈니스를 만들어보겠다고 마음을 굳혔기 때문이다. 그들은 자신의 재능이 개발이나 기술 습득보다는 다른 데 있다는 걸 알고 있었고, 사람들이 진정 바라는 게 무엇인지 발견하는 방법을 스스로 터득했으며, 디퍼런스를 통해 이를 현실화시켰다.

많은 이들이 애플 제품에 푹 빠져 있다는 이유만으로 타 기업 CEO

는 주먹으로 책상을 내려치며 하루 종일 한숨을 푹푹 쉬고 있어야 할까? 아니면 고객을 위해 디퍼런스를 창출할 수 있는 방안을 찾아야 할까?

왜 아무도 우리의 가치를 알아주지 않느냐고 투정 부리고 있을 때가 아니다. 고객이 무슨 죄인가. 이건 우리 문제다. 늘 그렇듯이 음악가나 언론인, 디자이너나 혹은 [   ](이 빈 칸에 당신의 직업을 넣어보자. 분명 이 자리에 있어야 하니까.)를 위한 비즈니스는 없다. 세상에 어떤 비즈니스가 고객이 아닌 당신을 위해 존재할 수 있겠는가. 편한 직장은 없다. 당신이 처한 끔찍한 상황에서 순식간에 탈출할 수 있는 만능키는 없다. 디퍼런스를 만드는 것이 유일한 탈출구다.

디자이너, 크리에이티브 그리고 아마도 당신이나 당신의 회사가 가야 할 길은 경쟁의 소용돌이 속이 아니다. 당신이 서비스를 제공하려는 사람들을 이해하고, 그 이유를 스스로 찾은 뒤에 당신의 고객들을 위한 '온리 원'이 되어야 한다. 당신에게 필요한 것은 남들이 흔히 가지고 있는 대체 가능한 또 하나의 창의성이나 전문성이 아니다. 당신은 특별한 것을 원하는 사람들이 반드시 가져야 하는 유일무이한 창의성과 전문성을 가져야 한다. 제시카 히시와 낸시 두아르테는 중대한 결정을 내렸다. 그들은 사람들의 일을 돕는 분야에서 세계 최고가 되기로 마음을 굳히고 실제로 그 일을 수행하여 디퍼런스를 만들어냈다.

사람들이 나를 전문가로 인식하게 하려면 어떻게 해야 할까? 사람들의 평가 방식을 바꾸어야 하나? 아니다. 그건 불가능하다. 대신 지금 하고 있는 일을 통해서 새롭게 평가받아야 한다. 사람들의 생각뿐 아니라 감정까지 바꿀 수 있는 일을 하라.

두 가지 선택지가 있다. 우두커니 서서 잔뜩 쌓인 문제를 멍하니 바라보고 있을 수도 있고, 스스로의 미래를 디자인할 수도 있다.

당신은 둘 중 어떤 길로 걸어갈 것인가?

디퍼런스를 창출하는 방법

> 남 앞에 자신의 수치스런 모습을 드러낸다는 것은 정말 두려운 일이다. 타인의 시선은 위협적이고, 무섭다. 하지만 생각해 보자. 우리의 삶이 끝나고 생각이 정지하는 것만큼이나 무섭고 두려운가? 그건 아니지 않은가? 그런데 만일 남 앞에 선 사람이 나였다면 어땠을까? 그게 나라고 했을 때 어떤 차이가 생길까?
>
> _ 브렌 브라운(Brené Brown)

사업체 사장이나 CEO, 브랜드 매니저, 기업가들과 수년간 일하고 대화하면서 알게 된 사실이 하나 있다. 어느 누구도 평범해지고 싶은 사람은 없다는 사실이다. 사실 사람들이 원하는 것은 이와 정반대다.

매일 새로운 아침을 맞이할 때마다 중요한 일을 하고, 삶을 누리고, 의미 있는 일을 하고 싶다고 느낀다. 누가 시켜서 그런 게 아니라 인간이란 원래 그렇게 느끼도록 태어난 것이다. 아침 일찍 정신을 차리면 머릿속으로 무슨 생각이 제일 먼저 드는가. 혹시 '나는 지금 여기에 있다 (I AM)'라는 그 느낌 아닌가?

그리고 이 사실을 깨닫자마자 자연스럽게 언젠가는 내가 존재하지 않는 순간도 찾아오리라는 것을 이해한다. 그래서 살아 있는 동안 가치 있는 일을 해야겠다고 생각하고, 무엇이 가치 있는 일일까, 하고 스스로에게 질문을 던지기도 한다. 우리는 의미 있는 삶을 탐색하고 또한 그런 삶을 누리도록 진화해온 것이다. 우리는 각자의 디퍼런스를 찾기를 원하고, 그 디퍼런스를 세상 사람들 앞에 보여주려는 본능을 갖고 있다.

최근 트위터를 통해 영국의 작가 릭키 제바이스(Ricky Gervais, 「오피스」, 「데릭」 등 이 시대의 가장 성공적인 코미디드라마 여러 편을 만들었다.)에게 그의 작품의 출발점이 되는 보편적인 진실이 있는지, 있다면 그것이 무엇인지 물어봤다. 답변이 돌아왔다.

"모든 사람은 사랑을 필요로 한다, 아마도."

어떻게 생각하는가? 내가 보기에는 훌륭한 드라마뿐 아니라 좋은 스토리텔링, 일상, 그리고 비즈니스에도 그가 지적한 진실은 보편적으로 적용되는 것 같다. 하지만 우리는 종종 이 진실을 잊고 산다.

수십 년간 대형 브랜드가 시장을 지배했던 세상에서는 사람들이 원하는 일이 레몬 트위스트(twist, 알맹이는 빼고 껍질만 꼬아서 장식으로 쓰는 것 - 역주)와 거의 비슷하다고 생각했던 것도 무리는 아니다. 하지만 시대가 변했다. 세상이 변화했다는 증거가 도처에서 발견된다. 우리는 수년간 포춘지 500대 기업에 이름을 올린 이스트먼 코닥(Eastman Kodak)이나 시어스(Sears)와 같은 회사의 대형브랜드 다수가 바닥으로 곤두박질치는 동안, 디퍼런스에 기초해 설립된 벤처 기업가들이 땅을 박차고 날아올라 하늘을 비행하는 모습을 매일 본다.

우리는 이전에 경험하지 못한 시대에 살고 있다. 공장이나 회사 건물을 소유하지 않고도 제품을 만들 수 있으며, 사람들이 갈망하는 것을 알아내는 법을 실제로 듣고 익힐 기회가 더 많이 주어진 디지털 시대에 살고 있다. 트위터, 페이스북 같은 소셜 미디어를 통해 고객들이 세상과 당신 브랜드에 어떤 반응을 보이는지 실시간으로 확인할 수 있다. 공감을 갖고 일을 할 때만 중요한 아이디어와 브랜드를 창조할 수 있다.

사람들이 어떻게 느끼는지 궁금한가. 어떻게 해야 세상을 바꿀 수 있는지, 또 영향을 미칠 수 있는지 궁금한가. 지금 당장 주위를 둘러보

라. 진실은 도처에 있다. 내가 동네 카페에 앉아 이 책의 마지막 몇 문단을 쓰고 있을 때였다. 말쑥한 차림에 목소리가 부드러운 30대 초반의 남성이 건너편에 동료와 마주보고 앉아, 몇 분 전 어린 딸을 어린이집 앞에 내려줄 때 얼마나 마음이 무거웠는지 모른다면서 죄 지은 얼굴로 말하는 게 보였다. 그에게 죄책감을 들게 한 것은 '아이를 차에서 내리게 했다, 어린이집에 두고 왔다'는 행위였다. 무엇이 진실인지 궁금한가. 무엇이 문제인지 궁금한가. 사람들의 표현되지 않은 욕구는 지금도 미해결, 불만족 상태로 우리 주위에 가득하다.

제품에 새로운 기능을 추가하거나 쿠폰을 만들고, 혹은 옥외광고판을 더 많이 설치한다고 해서 고객이 늘거나 그들의 충성심과 애정이 더 커지는 것은 아니다. 당신이 바라는 이 모든 일은 디퍼런스가 대신한다. 사람들에게 중요하게 여겨질 만한 것을 만들라. 그러면 그들의 지갑뿐 아니라 그 이상의 것도 함께 얻을 수 있을 것이다.

왠지 모르지만 눈에 띄려면 경쟁자와는 다르게 보여야 한다고 우리는 믿어왔다. 그러나 사람은 측정할 수 있고 계량할 수 있는 숫자나 논리, 데이터에 의해 설득되는 존재가 아니다. 사람은 관심이 없는 물건에 더 이상 시선을 주지 않는다. 우리를 진정 움직이는 것은 사실이 아니라 감정이다. 세상에는 당신의 시선을 끄는 천 가지의 색다른 홍보물이 있지만, 누군가의 마음을 진짜로 움직이는 방식은 하나, 즉 감정을 건드리는 것뿐이다. 그 하나 때문에 사람들은 그 제품에 관심을 기울이며, 그 스토리를 믿게 된다.

훌륭한 스토리는 마치 길거리의 누군가가 부는 휘파람이나 거위 울음소리처럼 일상의 풍경으로 다가온다. 혹은 입가에 맴도는 쓸쓸한 미소나, 격렬한 고갯짓 혹은 불쑥 솟구친 감정처럼 우리에게 다가온다. 또는 냅킨에 누군가 휘갈겨 쓴 전화번호처럼 다가올 때도 있고, '꼭 한 번 봐'라는 내용 아래 딸려온 링크 사이트처럼 나를 생각해 주는 누군가가 보낸 문자메시지나 이메일로 다가올 때도 있다. 훌륭한 스토리는 우리 삶 속으로 자연스럽게 녹아들기 때문에 어떻게 다가오는지 우리도 잘 의식하지 못한다.

우리는 물건, 경험, 연결, 계기, 스토리를 창출하여 사람들을 변화시킬 수 있는 역량을 갖고 있다. 세상에 충격을 던진다는 게 무엇인지 우리는 다시 상상해 볼 수 있다. 우리는 비즈니스 방식을 새롭게 창조할 수 있는 기회를 갖고 있다. 디퍼런스를 창조할 것인가, 말 것인가. 그건 당신의 선택에 달렸다. 나는 당신이 창조의 길로 들어서기를 바란다. 왜냐하면 그게 당신 자신에게 중요한 일이기 때문이다. 의미 있는 삶을 살고 싶지 않은가?

참고자료

이 책에 쓰인 'different[1]'라는 단어의 의미에 대하여

- **"Different" and "new" is relatively easy** — 헬렌 월터스(Helen Walters), 'Jonathan Ive on The Key to Apple's Success', 블룸버그 비즈니스위크(Bloomberg Businessweek), 2009년 7월 8일자. 〈http://www.businessweek.com/innovate/next/archives/2009/07/jonathan_ive_th.html〉

서문

- 1963년 더글러스 엥겔바트(Douglas Engelbart)가 최초로 마우스를 발명했는데 — 말콤 글래드웰(Malcolm Gladwell), 'Creation Myth', 뉴요커(The New Yorker)지, 2011년 5월 16일자 기사. 〈http://www.newyorker.com/reporting/2011/05/16/110516fa_fact_gladwell〉

- 스티브 잡스가 팔로알토리서치센터에서 마우스를 봤을 때 보인 반응에 관한 일화 — 'BBC Documentary : Steve Jobs – Billion Dollar Hippy', 유튜브, 2011년 12월 16일자 동영상.

---

1) 원서에서는 'difference'와 'different'의 의미를 품사 이상으로 다르게 쓰고 있음. – 역주

* 〈참고자료〉는 지식공간 블로그(blog.naver.com/jsgonggan)에 똑같이 게재되어 있다. Ctrl + C 로 복사하여 편리하게 검색할 수 있다. – 역주

〈https://www.youtube.com/watch?v=OC3qFtgeogE&gt〉

- 반면 스티브 잡스는 다른 생각을 품고 있었다.
  — 말콤 글래드웰, 'Creation Myth'.

- 잡스가 허비에게 요구한 마우스 디자인 설계 지침
  — 'Steve Jobs – Billion Dollar Hippy'.

- 매킨토시는 세계 최초로 대중 시장을 형성한 개인용 컴퓨터였다.
  — 위키피디아의 '매킨토시(Macintosh)' 항목 〈https://en.wikipedia.org/
  wiki/Apple_Macintosh〉

- 말콤 글래드웰은 잡스를 '트위커'라고 평가한다.
  — 말콤 글래드웰, 'The Tweaker: The Real Genius of Steve Jobs', 뉴요커지,
  2011년 11월 14일자 기사.
  〈http://www.newyorker.com/reporting/2011/11/14/111114fa_fact_
  gladwell〉

- '우리 마음을 즐겁게 만드는' 아이패드 같은 도구 — 2011년 3월 스티브 잡
  스는 아이패드2 발표 기자회견에서 "애플 DNA는, 기술만으로는 충분
  하지 않다. 기술에 인문학을 융합해야 한다. 이 둘의 융합이 우리 마음
  을 즐겁게 만들어준다."고 밝혔다. — 조나 레러(Jonah Lehrer), 'Steve
  Jobs: "Technology Alone Is Not Enough"', 뉴요커지, 2011년 10월 7일
  자 기사.
  〈http://www.newyorker.com/online/blogs/newsdesk/2011/10/steve-

jobs-pixar.html〉

- 딘 허비가 한 말 : (1) 잡스는 '점들을 연결'했고 — 'BBC Documentary : Steve Jobs - Billion Dollar Hippy'. (2) 잡스는 '컴퓨터가 어떠해야 하는지 알아내는 데 놀라운 재능을 갖고 있었다.' — 'Interview with Dean Hovey', Making the Macintosh[1] : Technology and Culture in Silicon Valley.
  〈http://www-sul.stanford.edu/mac/primary/interviews/hovey/trans.html〉

- 쇼핑 카트의 발명과 도입 — The Great Idea Finder[2]의 쇼핑카트 항목, 'Fascinating facts about the invention of the shopping cart by Sylvan Goldman in 1937'.
  〈http://www.ideafinder.com/history/inventions/shopcart.htm〉

- **닐 블루멘탈은 세계에서 가장 가난한 사람들조차도 안경을 살 때 스타일을 따진다는 사실을 알게 되었다.** — 2013년 뉴욕에서 열린 PSFK 컨퍼런스 중 닐 블루멘탈의 연설 'Neil Blumenthal : Brand Building Through Narrative & Vulnerability'.
  〈http://vimeo.com/66192517〉

---

1) 'Making the Macintosh'는 애플 매킨토시의 탄생 및 초창기 역사를 소개한 웹페이지다. 1960~70년대에 컴퓨터 역사상 중요한 역할을 했던 인물들을 심층 취재한 기록을 포함하여 초기 컴퓨터의 기술 및 개념이 어떻게 진화했는지 관련 문서, 기사 등 폭넓은 정보를 수집하고 제공한다. 이 기록 수집 작업은 스탠포드 대학 프로젝트 중 하나다. – 역주
2) 'The Great Idea Finder'는 발명, 발견, 혁신의 역사를 기록하고 대중에게 알리기 위해 제작된 웹페이지이다. – 역주

1장 스토리가 지배하는 세상

프리드리히 대왕의 감자 마케팅

• **당신이 중세 유럽에 살았다면** — 위키피디아의 '중세 음식(Medieval Cuisine)' 항목.
  〈http://en.wikipedia.org/wiki/Medieval_cuisine#cite_ref-HM_16_1-0〉

• **프리드리히 대왕의 승리** — 제프 채프먼(Jeff Chapman), 'The Impact of the Potato'. History Magazine, Volume 2.
  〈http://www.history-magazine.com/potato.html〉

• **1700~1900년 사이에 증가한 세계 인구의 4분의 1가량은 감자 도입 덕분** — 네이선 넌(Nathan Nunn), 낸시 첸(Nancy Qian) 공저, 'The Potato's Contribution To Population And Urbanization : Evidence From A Historical Experiment', Quarterly Journal of Economics 126.2 (2011) : 593-650.

• **머리에 깔때기를 쓰고** — 'The unforgiving arithmetic of the funnel', 세스 고딘(Seth Godin) 블로그, 2012년 6월 7일.
  〈http://sethgodin.typepad.com/seths_blog/2012/06/the-unforgiving-arithmetic-of-the-funnel.html〉

• **마케팅 믹스(Marketing Mix)의 원형** — 닐 보든(Neil H. Borden), 'The Concept of the Marketing Mix', Cambridge : Harvard Business School, 1984.

- '시장의 틈새'와 '근본적인 포지셔닝 접근법' — 알 리스, 잭 트라우트 공저, '포지셔닝(Positioning)', 안진환 옮김, 을유문화사, 2002.

- **2013년 한해, 전 세계는 5천억 달러에 달하는 돈을 광고에 쏟아 부었다.** — 잉그리드 룬덴(Ingrid Lunden), 'Digital Ads Will Be 22% Of All U.S. Ad Spend In 2013, Mobile Ads 3.7%; Total Global Ad Spend In 2013 $503B', TechCrunch, 2013년 9월 30일자 기사. 〈http://techcrunch.com/2013/09/30/digital-ads-will-be-22-of-all-u-s-ad-spend-in-2013-mobile-ads-3-7-total-gobal-ad-spend-in-2013-503b-says-zenithoptimedia〉

- **사전에 실린 '광고'의 정의** — Dictionary.com 참조. 〈http://mfeed.reference.com/d/search.html?q=advertiser〉

- **팸퍼스의 고유 판매 제안, 그리고 팸퍼스 대 하기스 경쟁** — 'Pampers'. Contagious Magazine, 2011년 2월: 1-12.

- **'사람들은 자기가 어떤 사람인지 우리에게 이야기하지만'** — 드라마 'Mad Men' 시즌4, 'Summer Man' 편에서 도날드 드레이퍼의 대사 인용. 〈http://www.amctv.com/shows/mad-men/cast/don-draper〉

- **회사는 연간 500%씩 성장했다.** — 에릭 마코위츠(Eric Markowitz), 'How Warby Parker Grew So Fast: 3 Reasons', Inc.com, 2012 3월 7일자 기사. 〈http://www.inc.com/eric-markowitz/3-reasons-warby-parker-is-killing-it.html〉

- 우리 대다수가 스스로를 생각하는 피조물이라고 '생각'하겠지만 — 질 볼트 테일러, '긍정의 뇌(My stroke of Insight)', 장호연 옮김, 윌북, 2010년.

- 하버드대 경영학 교수 제럴드 잘트먼(Gerald Zaltman)은 의사결정의 95퍼센 트가 잠재의식에서 일어난다고 설명한다. — 만다 마호니(Manda Mahoney), 'The Subconscious Mind of the Consumer (And How To Reach It)', HBS Working Knowledge[1], 2003년 1월 13일. ⟨http://hbswk.hbs.edu/item/3246.html⟩

2장 대중 시장이 사라지고 있다

MIT 공대의 자전거 괴짜는 고객의 마음을 어떻게 읽었나

- 자칭 'MIT 공대의 자전거 괴짜' — 'Our Story', 포티파이드바이시클얼라 이언스 홈페이지. ⟨http://fortifiedbike.com/pages/our-story⟩

- 창업주들은 비 내리는 밤 사람들의 퇴근길을 따라다니며 그들이 자전거 에 자물쇠를 채우고 조명을 떼어내는 광경을 지켜봤다. — 슬라바 멘(Slava Menn), 'Want To Fund Your Kickstarter? You're Not Steve Jobs—Ask People What They Want', Co.Exist 홈페이지, 2013년 10월 16일. ⟨http://www.fastcoexist.com/3020068/want-to-fund-your-

---

1) 'HBS Working Knowledge'는 하버드대 경영대학원에서 발행하는 웹진이다. - 역주

kickstarter-youre-notsteve-jobs-ask-people-what-they-want?〉

- **포티파이드바이시클얼라이언스의 조명 제작 과정** — 슬라바 멘(Slava Menn), 'Fortified : Bike Lights That Last Forever. We Promise.', Kickstarter.

  〈http://www.kickstarter.com/projects/gotham/fortified-bike-lights-that-last-forever-we-promise〉

개인으로 이루어진 아주 작은 시장

- **세스 고딘(Seth Godin)이 말한 대로, 대중은 죽고 별종의 시대가 시작된 것이다.**[2] — 'Seth Godin on Sculpting the Future - Further with Ford', 2013년 7월 10일자 유튜브 영상.

  〈http://www.youtube.com/watch?v=xkMZq_DJYvI&feature=youtu.be〉

- **초바니(Chobani)는 창업 후 5년간 거의 수익을 올리지 못하다가** — 브라이언 그룰리(Bryan Gruley), 'At Chobani, the Turkish King of Greek Yogurt', 블룸버그 비즈니스위크, 2013년 1월 31일자 기사.

  〈http://www.businessweek.com/articles/2013-01-31/at-chobani-the-turkish-king-of-greek-yogurt〉

---

2) 원문에서는 '종형곡선이 녹고 있다(the bell curve has melted)'라는 표현을 썼으나 여기서는 쉽게 이해될 수 있도록 세스 고딘의 다른 표현으로 바꾸었다.

- '불필요한 수분을 제거하는 전통의 기술' — 초바니 홈페이지 FAQ 게시판
  〈http://chobani.com/products/faq〉

- '맛있고 영양이 풍부한 그리스식 요거트가 모든 개개인의 입맛을 사로잡기'
  를 — 'Chobani Founder and CEO Hamdi Ulukaya Named Ernst &
  Young World Entrepreneur Of The Year 2013'. PR Newswire, 2013
  년 6월 10일자 기사.
  〈http://www.prnewswire.com/news-releases/chobani-founder-
  and-ceo-hamdi-ulukaya-named-ernst—young-world-entrepreneur-
  of-the-year-2013-210806821.html〉

- 에어비앤비(Airbnb)는 대중이기를 거부하는 개개인, 즉 호텔에 묵는 대신 모
  르는 사람의 아파트를 잠시 빌리고 싶어 하는 사람들의 흥미를 끄는 데서
  출발하여 — 'Airbnb: 10 Million Guest Nights Booked', 에어비앤비 홈
  페이지.
  〈https://www.airbnb.com/10-million?cdn_locale_redirect=1〉

- 이 회사는 시장 진출 3년 만에 500퍼센트의 성장을 기록했다.
  — 'Method Products', Inc.com.
  〈http://www.inc.com/profile/method-products〉

루빅스 큐브의 성공 방정식

- 루빅스 큐브는 역사상 가장 잘 팔린 퍼즐 장난감이 되었다. — 조지 웹스터
  (George Webster), 'The little cube that changed the world', CNN, 2012년

10월 11일자 기사.

⟨http://edition.cnn.com/2012/10/10/tech/rubiks-cube-inventor⟩

검정색 이어폰 VS 흰색 이어폰

• 마치 포춘 쿠키처럼 사람들이 진정 관심을 기울이는 건 행운이지 쿠키가 아니듯 말이다. — 버나뎃 지와(Bernadette Jiwa), '포춘 쿠키의 법칙 : 성공적인 브랜드 스토리를 위한 20가지 핵심 전략', 박인섭 감역, 매일경제신문사, 2014.

고객이 원하는 걸 제공하고 있는가

• 맥도날드 밀크셰이크를 아침에 구매하는 고객 중 40퍼센트는 — 클레이튼 크리스텐슨(Clayton Christensen), 스코트 쿡(Scott Cook), 테디 홀(Taddy Hall) 공저, 'What Customers Want from Your Products', HBS Working Knowledge, 2006년 1월 16일 게시물.

⟨http://hbswk.hbs.edu/item/5170.html⟩

※ 데릭 크리스텐슨(Derek Christensen) 홈페이지 'DerekChristensen.com'에 접속, 'Hiring Milkshakes (and other secrets to product development)' 제목의 게시물에서 더 많은 정보를 얻을 수 있다.

⟨http://www.derekchristensen.com/hiring-milkshakes-and-other-secrets-to-product-development⟩

느낌의 차이

- 싱가포르의 창이 국제공항(**Changi Airport**) — 창이 국제공항 홈페이지의 'Changi Airport Singapore: Facts & Statistics' 메뉴 참조. ⟨http://www.changiairport.com/our-business/about-changi-airport/facts-statistics⟩

눈에 보이는 숫자도 중요하지만, 숫자로 알 수 없는 것이 더 중요하다

- 투자수익률을 판매(**sales**)나 구매전환(**conversions**) 대신 기쁨으로 측정한다면 — 레인 셰익스피어(Lain Shakespeare), 'The Story Behind the MailChimp Billboards', 메일침프(MailChimp) 블로그, 2012년 12월 3일 게시물. ⟨http://blog.mailchimp.com/the-story-behind-the-mailchimp-billboards⟩

3장 그럼 이제 어떻게 할까?

인구통계학 VS 세계관

- '고학력, 고소득, 고소비층이 성장했다', '급진적인 정치적, 사회적 태도를 가지며' — 로스 허니윌(Ross Honeywill), 네오 그룹(The NEO Group) 홈페이지. 다음 두 개의 링크를 참조하라. ⟨http://www.neogroup.net/ABOUT/Background/tabid/140/

Default.aspx〉

〈http://www.neogroup.net/NEOs/tabid/74/Default.aspx〉

• '소비자의 행동을 광범위하게 예측할 수 있다.' — 크리스 노튼(Chris Norton), 로스 허니윌(Ross Honeywill) 공저, 'One Hundred Thirteen Million Markets of One : How The New Economic Order Can Remake The American Economy', Fingerprint Strategies Inc., 2012.

디퍼런스 모델(Difference Model)

• 공감과 인간 중심(human-centeredness)이라는 개념 — 데이비드 켈리(David Kelley), 톰 켈리(Tom Kelley) 공저, '유쾌한 크리에이티브', 박종성 옮김, 청림출판, 2014.

4장 디퍼런스 모델 & 맵

• '새로운 무언가를 만들고 싶다면' — 'Learning how to see', 세스 고딘(Seth Godin) 블로그, 2012년 12월 25일.
〈http://sethgodin.typepad.com/seths_blog/2012/12/learning-how-to-see.html〉

• 잡스는 사람들이 지갑은 잊어도 아이폰은 꼭 챙기고 외출할 정도로 일상에서 매우 중요하고 통합적인 기능을 담은 제품이 되기를 바랐다. — 앤드류 레이(Andrew Wray), 'Former Apple manager tells how the original

iPhone was developed, why it went with Gorilla Glass', 아이모어
(iMore) 홈페이지, 2012년 2월 4일 게시물.
〈http://www.imore.com/apple-manager-tells-original-iphone-
born〉

- **명함 제작 사이트인 무닷컴(MOO.com) 창립자들은 2004년에도** — 'About
MOO', 무닷컴 홈페이지.
〈http://uk.moo.com/about/history.html〉

- **스팽스의 창업주 사라 블레이클리(Sara Blakely)** — 'About Us', 스팽스
(Spanx) 홈페이지.
〈http://www.spanx.com/-cms-page.aboutus?ab=footer_About%20
SPANX%〉

- **50개의 최상위 브랜드** — 버나뎃 지와(Bernadette Jiwa), '포춘 쿠키의 법칙
: 성공적인 브랜드 스토리를 위한 20가지 핵심 전략', 박인섭 감역, 매일경
제신문사, 2014.

- **제인 나이 덜차오인타이(Jane Ní Dhulchaointigh)가 물건의 수리나 개조,
재창조에 쓸 수 있는 실리콘 고무 브랜드 수그루를 탄생시켰을 때** — 'A
partial visual history of sugru', 수그루(sugru) 홈페이지.
〈http://sugru.com/story〉

- **최근 세계 각국의 수많은 회사들은** — 얀 칩체이스(Jan Chipchase), 사이먼
슈타인하트(Simon Steinhardt) 공저, '관찰의 힘 : 평범한 일상 속에서 미래

를 보다』, 야나 마키에이라 옮김, 위너스북, 2013.

- **달러쉐이브클럽의 창업자는** — 'How it Works.', 달러쉐이브클럽(Dollar Shave Club) 홈페이지.
  ⟨https://www.dollarshaveclub.com/how-it-works⟩

- **고객을 파티에 초대받은 손님이라고 생각하면** — 더그 마이어(Doug Meyer), 'Staying in Touch with Your Customers', Corp!, 2010년 8월 5일.
  ⟨링크 유실⟩

- **고객이 신발 한 켤레를 살 때마다** — TOMS 사 개관 참조.
  ⟨http://www.toms.com/corporate-info/1⟩

- **우리의 개인적인 믿음이 선택을 좌우하고** — 톰 어새커(Tom Asacker), 'The Business of Belief : How the World's Best Marketers, Designers, Salespeople, Coaches, Fundraisers, Educators, Entrepreneurs and Other Leaders Get Us to Believe', CreateSpace, 2013.

- **호주 멜버른의 리틀베지패치** — 리틀베지패치(The Little Veggie Patch Co.) 홈페이지 참조.
  ⟨http://littleveggiepatchco.com.au⟩

- **사람들이 원하는 것을 만들어라.** — 폴 그레이엄(Paul Graham), 'Be Good', PaulGraham.com, 2008년 4월 1일.
  ⟨http://www.paulgraham.com/good.html⟩

- 스마트폰 버튼 하나로 택시를 잡고 싶어 하는 사람이라면 — 앤디 케슬러 (Andy Kessler), 'Travis Kalanick : The Transportation Trustbuster', 월 스트리트 저널, 2013년 1월 25일자 인터뷰 기사. 〈http://online.wsj.com/news/articles/SB100014241278873242351 04578244231122376480〉

  ※ 우버앱에 대해 더 많은 정보를 얻고 싶다면 다음 자료를 참고하라.
  (1) 니콜라스 잭슨(Nicholas Jackson), 'Hailing a Cab With Your Phone', 아틀란틱(The Atlantic, 미국의 종합시사잡지 – 역주)지, 2010년 11월 16일 자 기사. 〈http://www.theatlantic.com/technology/archive/2010/11/ hailinga-cab-with-your-phone/66630〉
  (2) 조슈아 브루스타인(Joshua Brustein), 'The Smartphone Way to Beckon a Car', 뉴욕 타임스, 2011년 5월 16일자 기사. 〈http://www.nytimes.com/2011/05/15/nyregion/uber-and-weeels-offer-car-services-by-phone-app.html〉

디퍼런스 맵(Difference Map) 만들기 : 10가지 사례

- 글루텐을 넣지 않은 제품 시장이 두 자릿수의 성장률을 기록하고 있다. — 제퍼슨 애덤스(Jefferson Adams), 'Gluten-Free Products Market to Top 6.2 Billion by 2018', Celiac.com, 2013년 8월 5일자 기사. 〈http://www.celiac.com/articles/23336/1/Global-Gluten-Free-Products-Market-to-Top-62-Billion-by-2018/Page1.html〉

- 전문 디자인의 가치와, 전 세계 폭넓게 퍼져 있으며 그래서 누구나 접근하기

쉬운 웹의 특성을 접목하여 1천억 달러 규모의 해외 인쇄업계를 뒤흔들기 — 'About Moo', 무닷컴 홈페이지.

⟨http://us.moo.com/about/history.html⟩

- **수그루는 찰흙처럼 손으로 모양을 빚어 만드는 자경성 고무다.** — 'What is sugru?', 수그루 홈페이지.

  ⟨http://sugru.com/about⟩

- **워비파커에 대한 정보** — 카리 파슨(Khari Parson), 'Fireside chat with Dave Gilboa', Startup Grind 홈페이지, 2013년 10월 21일자 게시물.

  ⟨http://startupgrind.com/2013/10/fireside-chat-with-dave-gilboa-co-founder-and-co-ceo-of-warby-parker⟩

- **여행 및 관광업이 세계 GDP에 기여하는 액수** — 'Travel & Tourism larger industry than automotive manufacturing', 세계여행관광협회 (World Travel & Tourism Council), 2012년 4월 18일자 기사.

  ⟨http://www.wttc.org/news-media/news-archive/2012/travel-tourism-larger-industry-automotive-manufacturing⟩

- **미국인의 79퍼센트는 기부금이** — 루카스 버그(Lukas O. Berg), 'The Trust Report', Charity Star 홈페이지, 2011년 5월.

  ⟨http://www.charitystar.org/wp-content/uploads/2011/05/The-Trust-Report1.pdf⟩

- **심플은 신개념 개인뱅킹서비스다.** — 동영상 'Josh Reich : People Say

They Need Complexity, But What They Want Is Simplicity', 99U.
〈http://99u.com/videos/20233/josh-reich-design-is-not-a-
department〉

- 이 업계에는 시장 점유율을 장악하고 있는 강자가 따로 없다. — 'Taxi &
  Limousine Services in the US: Market Research Report', IBISWorld,
  2013년 8월.
  〈http://www.ibisworld.com/industry/default.aspx?indid=1951〉

저평가받을래, '온리 원'이 될래?

- 신문기사, 작곡, 앱 개발을 비롯하여 디자인까지 — 팀 크라이더(Tim
  Kreider), 'Slaves of the Internet, Unite!', 뉴욕 타임스, 2013년 10월 26
  일자 기사.
  〈http://www.nytimes.com/2013/10/27/opinion/sunday/slaves-of-
  the-internet-unite.html?pagewanted=1&_r=3&〉

- 디자이너이자 글자 도안 전문가인 제시카 히시(Jessica Hische) — 제시카 히
  시(Jessica Hische) 홈페이지 참조.
  〈http://jessicahische.is/awesome〉

- 낸시 두아르테의 회사는 — 낸시 두아르테(Nancy Duarte)의 업적은
  〈http://www.duarte.com/portfolio〉에서 확인할 수 있다.

디퍼런스를 창출하는 방법

- 남 앞에 자신의 수치스런 모습을 드러낸다는 것은 정말 두려운 일이다.
  — 동영상 'Brené Brown : Why Your Critics Aren't The Ones Who
  Count'.
  ⟨http://99u.com/videos/20052/brene-brownstop-focusing-on-
  your-critics⟩

- 아침 일찍 정신을 차리면 머릿속으로 무슨 생각이 제일 먼저 드는가. 혹
  시 '나는 지금 여기에 있다(I AM)'라는 그 느낌 아닌가? — 어니스트 홈즈
  (Ernest Holmes), '마음의 과학 : 모든 문제의 해답이 놓여 있는 곳, 모든 신
  비가 시작되는 곳 1', 이상민 옮김, 서른세개의계단, 2013.

- 우리는 수년간 포춘지 500대 기업에 이름을 올린 — 브라이언 솔리스(Brian
  Solis), 'What's the Future of Business? Changing the Way Businesses
  Create Experiences', Hoboken, N.J.: Wiley, 2013.

  ※ 릭 뉴먼(Rick Newman)이 언급한 내용을 자세히 알고 싶다면, 유에스
  뉴스앤드월드리포트(U.S. News & World Report), 2010년 8월 19일자 기
  사 '10 Great Companies that Lost Their Edge'를 참조하라.
  ⟨http://money.usnews.com/money/blogs/flowchart/2010/08/19/10-
  great-companies-that-lost-their-edge⟩

감사의 글

한 명의 아이가 자라기 위해서는 하나의 마을이 필요하다. 아프리카 속담이다. 나는 한 권의 책이 탄생하는 데에도 이 속담이 똑같이 적용된다고 생각한다. 자신의 생각을 책이든 웹이든 세상 밖으로 드러내는 일은 참으로 두려운 일이다. 브렌 브라운이 말했듯이 비평가들의 기준에 맞출 필요가 없다고 느끼는 순간 당신은 더 이상 위축되지 않을 것이다. 당신에게는 손을 잡아주고, 질문을 던져주고, 함께 검토해주고, 매순간 도사리는 공포 때문에 스스로를 채찍질하지 못할 때도 쓴 소리를 던져줄 훌륭한 팀이 필요하다. 그리고 무슨 일이 생기든 당신을 아껴줄 사람들이 필요하다. 운 좋게도 내 주변에는 전부 고마운 사람들만 있다.

이 책을 구입한 당신에게 먼저 감사드린다. 이 책이 당신만의 디퍼런스를 만들기 위한 여정에 동반자가 되기를 바란다.

책에 언급된 모든 기업가들에게도, 좋은 스토리를 제공해준 점에 대해 감사인사를 드린다. 그들의 업적은 항상 내게 영감을 주고 나를 자극한다.

디퍼런스를 만드는 법을 알고 있고, 또 디자인을 통해서도 디퍼런스를 구현하는 방법을 알고 있는 리즈 스파이커만(Reese Spykerman)에게도 감사를 전한다. 이번에도 그녀는 멋지게 해냈다! 호흡이 너무 잘 맞았던 편집자 캐서린 올리버(Catherine Oliver)에게도 감사를 전한다. 생각만 해도 끔찍한 업무를 캐서린이 다 처리해주었다.

뛰어난 교정 솜씨로 나의 두 번째 눈 역할을 해준 포터 재미슨(Porter Jamison)에게도 감사를 전한다.

마감 시한이 닥쳐왔을 때, 흰색 충전기를 들고 달려와 준 친구 켈리 엑시터(Kelly Exeter)에게도 감사를 전한다.

소금통과 커피 잔 사이에서 아이디어를 짜내는 데 도움을 준 친구 데이비드 매키니(David McKinney)에게도 감사를 전한다.

내가 긴장감을 유지한 채 집필에 임할 수 있도록 도와준 세스 고딘에게, 늘 그랬듯이 고마움을 전한다. 그는 내 원고의 문제점을 지적할 때도 늘 따뜻하고 부드럽고 침착한 눈빛으로 나를 바라봐주었다. 그 눈빛은 마치 '할 수 있어. 결정만 내리면 돼.' 하고 말하는 것처럼 느껴졌다. 또한 그는 디퍼런스 씽커의 특성을 언급한 절 하나를 빼는 데도 도움을 주었다.

우리 세 아들 녀석에게도 고맙다. 아이들 덕분에 나는 늘 일상의 삶으로 돌아올 수 있었다. 아이들이 데굴데굴 굴리는 눈동자도 고맙고, 나를 웃음 짓게 하는 그 작은 몸짓과 표정이 고맙고, 내게 진짜 중요한 게 무엇인지 알려준 것도 참으로 고맙다.

마지막으로 남편 모예즈(Moyez)에게 고마움을 전한다. 그는 언제나 내게 사랑을 주고 주말마다 함께 산책길을 걸었으며, 힘들고 지칠 때마다 용기를 내도록 손을 잡아주었다.

■ 책은 끝났지만 일은 끝나지 않았다 ■

나는 이 책이 책 이상의 역할을 해주길 소망한다. 이 책은 물론 끝났지만, 디퍼런스 창조나 더 나은 비즈니스 구축 등의 주제와 관련하여 우리는 얼마든지 대화를 나눌 수 있으리라고 믿는다. 평범한 것으로부터 비즈니스를 구원해줄 현대판 도널드 드레이퍼(Donald Draper, 드라마 'Mad Men'의 주인공)는 존재하지 않으며, 평범한 것부터 중요한 것까지 사물을 재단할 어떠한 기준점도 존재하지 않는다는 점에 진실이 있다. 기업가, 혁신가, 마케터 모두가 앞으로 해야 할 일은 고객에게 제발 우리를 한 번만 돌아봐 달라고 애원하는 것이 아니다. 우리 임무는 고객을 진짜로 알아가는 것이다. 우리 각자의 경험을 공유함으로써 우리는 한 걸음 앞으로 나아갈 수 있다.

앞으로도 이 책의 웹사이트인 'difference.is'에 디퍼런스 맵의 사례 연구를 추가할 계획이다. 당신의 디퍼런스 맵이 완성되면 주저하지 말고 hello@thestoryoftelling.com으로 발송, 함께 공유할 수 있는 기회를 주면 좋겠다. 여러분이 보내준 디퍼런스 맵 모두를 공개하겠다고 약속하기는 어려울 것 같다. 하지만 가능한 한 최선을 다해보겠다.

블로그(www.TheStoryofTelling.com)나 트위터(@bernadettejiwa)를 통해서도 연락을 주고 받을 수 있다.

우버, 에어비앤비, 워비파커, 무닷컴…
그들이 시장을 뒤흔든 단 한 가지 이유

초판 1쇄 발행 2014년 12월 1일
초판 2쇄 발행 2015년 2월 2일

지은이 버나뎃 지와
옮긴이 장유인
펴낸이 김재현
펴낸곳 지식공간

출판등록 2009년 10월 14일 제300-2009-126호
주소 서울 은평구 역촌동 28-76 5층
전화 02-734-0981
팩스 02-333-0081
메일 editor@jsgonggan.co.kr
블로그 blog.naver.com/jsgonggan
페이스북 www.facebook.com/#!/jisikgg

기획 허병민
편집 권병두
디자인 엔드디자인 02-338-3055

ISBN 978-89-97142-30-9 03320

이 도서의 국립중앙도서관 출판시도서목록(CIP)은 e-CIP홈페이지(http://www.nl.go.kr/ecip)와
국가자료공동목록시스템(http://www.nl.go.kr/kolisnet)에서 이용하실 수 있습니다.(CIP제어번호:
CIP2014030053)

* 잘못된 책은 구입하신 곳에서 바꾸어드립니다.
* 책값은 뒤표지에 있습니다.